# OBERSCHULE

Abschluss-Prüfungs-
aufgaben mit Lösungen **2015**

D1672951

## Chemie

Realschulabschluss
Sachsen

2005–2014

**STARK**

ISBN 978-3-8490-0981-6

© 2014 by Stark Verlagsgesellschaft mbH & Co. KG
14. ergänzte Auflage
www.stark-verlag.de

# Inhalt

*Fortsetzung siehe nächste Seite*

**Lösungen der Aufgaben**

Jahrgänge 2008–2014: Jürgen Ziebart
Jahrgänge 2005–2007: Frank Kaden

# Vorwort

**Liebe Schülerinnen und Schüler,**

das vorliegende Buch richtet sich an Schülerinnen und Schüler der Abschlussklassen 10, die sich gezielt auf ihre Abschlussprüfung im Fach Chemie der Oberschule in Sachsen vorbereiten und außerhalb des Unterrichts üben, wiederholen oder Lücken schließen möchten.

Dazu enthält der Band zunächst „**Hinweise zur Zentralen Prüfung**", die Ihnen helfen, die formalen Rahmenbedingungen für die Abschlussprüfung kennenzulernen. Die anschließenden „**Tipps zum Umgang mit Prüfungsaufgaben**" zeigen Ihnen konkret, wie Sie erfolgreich an die Aufgaben der Abschlussprüfung herangehen können.

Ab dem Jahrgang 2006 sind vielen Lösungen **Lösungstipps** in *kursivem* Druck vorangestellt und zusätzlich durch Rauten gekennzeichnet, um Ihnen den Zugang zur Bearbeitung der Aufgaben zu erleichtern. Ebenfalls ab diesem Jahrgang ist die Lösung ausführlicher und enthält viele alternative Lösungsmöglichkeiten.

Bis zum Jahr 2007 erfolgte die Abschlussprüfung auf der Grundlage eines nun überholten Lehrplanes. Deshalb treffen in einigen Prüfungsaufgaben nicht mehr alle gestellten Anforderungen zu. Die nicht mehr prüfungsrelevanten Aufgabenteile sind durch einen grauen Balken am Rand gekennzeichnet. Dies ermöglicht Ihnen eine zielgerichtete, effektive Vorbereitung auf die Abschlussprüfung im Fach Chemie.

Sollten nach Erscheinen dieses Bandes noch wichtige **Änderungen in der Prüfung** vom Staatsministerium für Kultus bekannt gegeben werden, finden Sie aktuelle Informationen dazu im Internet unter *www.stark-verlag.de/pruefung-aktuell*.

Wir wünschen Ihnen mit diesem Buch viel Freude bei Ihrer intensiven Vorbereitungsarbeit und Erfolg bei Ihrer Abschlussprüfung!

Ihr
Stark Verlag

# Stichwortverzeichnis

# Hinweise und Tipps zur Zentralen Prüfung

## Hinweise zur Benutzung dieses Buches

Dieses Buch zeigt Ihnen die vollständigen Prüfungsaufgaben seit 2005. Ab dem Jahrgang 2006 sind die Lösungen zusätzlich zu Ihrem besseren Verständnis mit Hinweisen zur Bearbeitung der Aufgabe erweitert, es sind vollständige und ausführliche Lösungen abgedruckt. Diese Lösungen sind schülergerecht aufgearbeitet, teilweise sind auch mehrere Lösungswege angeboten.

Bis zum Jahr 2007 erfolgte die Abschlussprüfung auf der Grundlage eines inzwischen überholten Lehrplanes. Deshalb treffen in einigen Prüfungsaufgaben nicht mehr alle gestellten Anforderungen zu. Die nicht mehr prüfungsrelevanten Aufgabenteile sind durch einen grauen Balken am Rand gekennzeichnet.

## Die schriftliche Abschlussprüfung

### Allgemeines

Die schriftliche Abschlussprüfung für den Realschulabschluss in Sachsen besteht aus zwei Teilen. Teil 1 der Prüfung ist der Pflichtteil mit meist vier Aufgaben. Teil 2 besteht aus drei Wahlaufgaben unterschiedlicher Thematik.

Das Thema der Pflichtaufgabe steht fest: Es wird das Themengebiet „Stoffe – Teilchen – chemische Reaktionen" behandelt. Sie müssen die Pflichtaufgabe und eine der drei Wahlaufgaben lösen.

Für den Pflichtteil und den bearbeiteten Wahlteil gibt es jeweils 25 Bewertungseinheiten – es sind also insgesamt 50 Bewertungseinheiten erreichbar. Die erreichbaren Bewertungseinheiten sind unter jeder Prüfungsaufgabe angegeben.

Die Gesamtarbeitszeit beträgt 150 Minuten, nachdem Sie sich 15 Minuten intensiv mit den Aufgaben vertraut machen konnten und das Demonstrationsexperiment durchgeführt wurde.

Als Hilfsmittel dürfen Sie in der Prüfung ein Periodensystem der Elemente, eine Tabellen- oder Formelsammlung (ohne ausführliche Musterbeispiele und ohne Wissensspeicheranhang), einen nicht programmierbaren Taschenrechner und ein Wörterbuch der deutschen Rechtschreibung verwenden. Ein Konzept ist nicht erforderlich, aber für bestimmte Teilaufgaben doch zu empfehlen.

## Inhalte des Pflichtteils

Der Pflichtteil beginnt mit einem Demonstrationsexperiment. Damit Sie dem Experiment gut folgen können und auf die entscheidenden Dinge achten, sollten Sie die Versuchsbeschreibung und die dazugehörigen Aufgaben bereits in der 15-minütigen Einarbeitungszeit sorgfältig durchgelesen haben. Während des Experiments müssen Sie sich Notizen zu den Beobachtungen machen, nach denen im Anschluss an das Experiment immer gefragt wird. Anschließend werden Schlussfolgerungen aus dem Versuch von Ihnen erwartet. Es folgen weitere Aufgaben zum Thema „Stoffe – Teilchen – chemische Reaktionen".

## Inhalte des Wahlteils

Die Themen des Wahlteils sind meist sehr allgemein gehalten (siehe Übersicht). Auf jeden Fall erwartet Sie ein Schülerexperiment und eine Berechnung (Stöchiometrie) mithilfe einer vorgegebenen Reaktionsgleichung.

Die Anforderungen an die Schülerexperimente sind von recht unterschiedlicher Natur.

– Die Vorbetrachtungen können beinhalten:
  • Aufstellung eines Experimentierplans mit Vorgehensweise in Teilschritten
  • Treffen von Voraussagen experimentell zu erwartender Beobachtungen und ihr Vergleich mit den tatsächlichen Beobachtungen
  • schriftliche Anforderungen von Nachweischemikalien oder entsprechender Geräte nach vorgegebenem oder selbst aufgestelltem Experimentierplan.

– Die Durchführung des Experiments verlangt folgendes von Ihnen:
  • Wenn Ihnen die Durchführung klar ist, stehen Geräte und Chemikalien bereit. Treten Fehler in der Planung auf, werden vom Fachlehrer Hinweise gegeben. Dadurch können Sie das Experiment zu einem richtigen Abschluss bringen. Das hat aber den Nachteil, dass Bewertungseinheiten nicht erteilt werden.
  • Die Sicherheitshinweise sind unbedingt zu beachten. Sind keine gegeben, ist in jedem Fall die Schutzbrille aufzusetzen.

– Bei der Auswertung ist zu beachten:
Lesen Sie sich die durch Anstriche gekennzeichneten Aufgaben genau durch und analysieren Sie die Tätigkeit, die Sie ausführen sollen. Beachten Sie, dass bestimmte Tätigkeiten eine Satzformulierung verlangen (z. B. begründen, erklären, erläutern, beschreiben). Durch das Formulieren von Sätzen können Ihre Kenntnisse günstig zum Ausdruck gebracht werden.

## Bewertung der Aufgaben

Die Bewertung der Aufgaben erfolgt nach folgendem Schema:

| Anzahl der erreichten BE | Prozentualer Anteil | Note |
|---|---|---|
| 47 bis 50 BE | $93\% \leq x$ | 1 (sehr gut) |
| 38 bis 46 BE | $75\% \leq x < 93\%$ | 2 (gut) |
| 30 bis 37 BE | $60\% \leq x < 75\%$ | 3 (befriedigend) |
| 20 bis 29 BE | $40\% \leq x < 60\%$ | 4 (ausreichend) |
| 10 bis 19 BE | $20\% \leq x < 40\%$ | 5 (mangelhaft) |
| 0 bis 9 BE | $x < 20\%$ | 6 (ungenügend) |

II

## Tipps zum Umgang mit Prüfungsaufgaben

Das Lösen von Aufgaben ist für Sie an sich selbstverständlich nichts Neues. Auch in der Abschlussprüfung werden Ihnen keine völlig neuen Aufgaben begegnen, auf die Sie nicht vorbereitet wurden. Sie können also prinzipiell all die „Strategien" anwenden, die Sie bisher auch bei Ihren Klassenarbeiten verfolgt haben.
Wegen der Vielfalt der Aufgabenarten und der Tatsache, dass die Aufgaben der Abschlussprüfung nicht von Ihrem Fachlehrer gestellt werden, ist dies dennoch eine Herausforderung für Sie. Daher können Ihnen einige Tipps helfen, diese Situation erfolgreich zu meistern:

— Lesen Sie alle Aufgabenstellungen sehr aufmerksam durch.

— Beachten Sie das Signalwort, das Ihnen die erwartete Tätigkeit anzeigt. Sollen Sie nur Begriffe „nennen" oder sollen Sie auch etwas „erklären"? Passen Sie die Ausführlichkeit Ihrer Antwort diesen Anforderungen an.

— Eine kleine **Skizze** kann den Einstieg in eine komplexe Aufgabe erleichtern, wenn Sie sich nicht sicher sind, ob Ihr Lösungsansatz stimmt (Konzept).

— Formulieren Sie längere Antworten immer **in klaren und überschaubaren Sätzen**. Nutzen Sie Übergänge und Verknüpfungen zwischen Ihren Sätzen. Bei längeren Texten bietet sich am Ende ein kurzer, zusammenfassender Abschlusssatz an.

— Planen Sie einen nicht zu knappen **Zeitraum für die Überprüfung** der Lösungen ein. Gehen Sie noch einmal alles durch, ob Sie auch keine Aufgabe vergessen haben. Lesen Sie Ihre Lösungen auf Rechtschreibung und Grammatik durch. Beachten Sie bei einer Korrektur, dass auch diese noch lesbar und nachvollziehbar sein muss!

— Versehen Sie am Ende der Bearbeitungszeit **alle Blätter** mit Ihrem Namen und nummerieren Sie die einzelnen Seiten durch. Mit Konzeptblättern ist genauso zu verfahren.

## Anforderungen der Prüfung im Fach Chemie

Zu Beginn eines jeden Arbeitsauftrages in den Aufgaben der Abschlussprüfung steht ein Signalwort, dass Ihnen die erwartete Tätigkeit anzeigt. Um bei der Erstellung Ihrer Lösung das „Richtige" zu tun, sollte man wesentliche Tätigkeiten (Operatoren) kennen.

„Nennen Sie…" zeigt Ihnen zum Beispiel an, dass Sie hier nur Begriffe stichpunktartig aufzählen sollen. Weitere Erklärungen sind nicht verlangt und auch nicht erwünscht. Steht dagegen zu Beginn eines Arbeitsauftrages „Erläutern Sie…", wird von Ihnen erwartet, dass Sie einen zusammenhängenden Text schreiben, indem Sie in der Aufgabe thematisierten Sachverhalt ausführlich erklären. Dabei müssen Sie auf Ihr Unterrichtswissen zurückgreifen und es auf den vorliegenden Fall anwenden. Nur so kommen Sie zu der gewünschten Lösung, die Ihnen dann alle Bewertungseinheiten einbringt.

Auch wenn die Operatoren nicht immer in allen Aufgaben angewandt werden, ist es entscheidend, sich mit den verschiedenen in der Prüfung geforderten Tätigkeiten vertraut zu machen. Dabei hilft Ihnen die folgende Übersicht:

**Begrunden:** Dic Frage nach dem vorliegenden Grund beantworten.
*Beachte:* *Überlegen Sie genau, was begründet werden soll. Verwenden Sie die Bindewörter weil, da, denn, deshalb, dadurch!*
Beispiel: Begründen Sie eine Schutzmaßnahme, die ein Maurer im Umgang mit Löschkalk beachten muss!
Lösung: Der Maurer muss seine Augen schützen, z. B. durch eine Schutzbrille, weil Löschkalk ein Metallhydroxid mit ätzender Wirkung ist.

**Beschreiben:** Beobachtete Merkmale von Gegenständen oder Vorgängen werden in Worten/Sätzen wiedergegeben.

*Beachte:* *Zeitform Gegenwart! Achten Sie auf Folgerichtigkeit der Darlegung!*

Beispiel: Beschreiben Sie den Nachweis von Stärke!

<u>Lösung</u>: Man versetzt die zu überprüfende Substanz mit Iod-Kaliumiodid-Lösung. Ergibt sich eine Blau-Schwarz-Färbung, ist Stärke vorhanden.

**Erklären:** Die Fragen nach den Bedingungen, Ursachen und Gründen für das Auftreten eines Sachverhalts beantworten.

*Beachte:* *Beschreiben Sie zunächst die Erscheinung, den Vorgang oder Sachverhalt und führen Sie ihn dann auf Gesetzmäßigkeiten zurück. Klären Sie die Ursache auf!*

Beispiel: Erklären Sie die chemische Bindung im Natriumchlorid-Kristall!

<u>Lösung</u>: Im Natriumchlorid-Kristall liegt Ionenbindung vor. Die elektrisch positiv geladenen Natrium-Ionen und die elektrisch negativ geladenen Chlorid-Ionen ziehen sich elektrostatisch an und ordnen sich regelmäßig zu einem Kristall an.

**Vergleichen:** Mindestens zwei Gegenstände oder Vorgänge gegenüberstellen und dabei Gemeinsamkeiten und Unterschiede feststellen; evtl. entsprechende Vergleichspunkte selbst wählen.

*Beachte:* *Wählen Sie zur Darstellung die Tabellenform und weisen Sie Gemeinsamkeiten und Unterschiede aus!*

Beispiel: Vergleichen Sie Natriumatom und Natrium-Ion.

<u>Lösung</u>:

| Vergleich | Natriumatom | Natrium-Ion |
|---|---|---|
| **Gemeinsamkeit** | 11 Protonen | 11 Protonen |
| **Unterschiede** | 11 Elektronen | 10 Elektronen |
| | 3 besetzte Schalen | 2 besetzte Schalen |
| | 1 Außenelektron | 8 Außenelektronen |

**Werten/ Bewerten:** Objektive Sachverhalte beschreiben und selbst zu den untersuchten Sachverhalten Stellung nehmen.

*Beachte:* *Beziehen Sie gesellschaftliche Interessen, Normen, Regeln ein!*

Beispiel: Wärmekraftwerke müssen Entschwefelungsanlagen besitzen. Bewerten Sie diese gesetzliche Bestimmung!

<u>Lösung</u>: Entschwefelungsanlagen entfernen Schwefeldioxid aus Rauchgasen. Schwefeldioxid ist ein Schadstoff und an der Bildung des sauren Regens beteiligt. Dieser schädigt den Wald. Deshalb finde ich dieses Gesetz richtig.

Folgende Tätigkeiten kommen ebenfalls häufig in der schriftlichen Abschlussprüfung vor:

Weitere Tätigkeiten, die eine Antwort als vollständigen Satz verlangen, sind:
– Belegen oder Beweisen einer Aussage
– Interpretieren einer Reaktionsgleichung.

Tätigkeiten, bei denen nur eine Aufzählung in Stichpunkten verlangt wird:
Angeben; Notieren; Übernehmen und Ergänzen/Vervollständigen einer Tabelle; Nennen, Auswählen; Ordnen nach bestimmten Gesichtspunkten.

Geistig-praktische Tätigkeiten sind:
Skizzieren einer Geräteanordnung mit Beschriften der Geräte; experimentelle Überprüfung einer Vermutung; Berechnungen (Stöchiometrie).

# Anhang

## Chemisches Rechnen (Stöchiometrie)

### 1. Möglichkeit: Lösen mithilfe der Größengleichung

| Stöchiometrisches Verhältnis | Größen-gleichung | Benennung der Größen |
|---|---|---|
| Masse/Masse | $\dfrac{m_1}{m_2} = \dfrac{n_1 \cdot M_1}{n_2 \cdot M_2}$ | $m_1$: Masse gesuchter Stoff in g <br> $m_2$: Masse gegebener Stoff in g <br> (Textaufgabe entnehmen) |
| | | $n_1$ und $n_2$: Stoffmenge der Stoffe 1 und 2 in mol (gegebener Reaktionsgleichung entnehmen) |
| | | $M_1$ und $M_2$: molare Massen der Stoffe 1 und 2 in $g \cdot mol^{-1}$ (Tafelwerk entnehmen) |
| Masse/Volumen | $\dfrac{m_1}{V_2} = \dfrac{n_1 \cdot M_1}{n_2 \cdot V_m}$ | $m_1$: Masse gesuchter Stoff in g <br> $V_2$: Volumen gegebener Stoff in Liter <br> (Textaufgabe entnehmen) |
| | | $n_1$ und $n_2$: Stoffmengen der Stoffe 1 und 2 in mol (gegebener Reaktionsgleichung entnehmen) |
| | | $M_1$: molare Masse von Stoff 1 in $g \cdot mol^{-1}$ (Tafelwerk entnehmen) <br> $V_m$: molares Volumen eines Gases unter Normbedingungen, beträgt für alle Gase: <br> $V_m = 22{,}4\,L \cdot mol^{-1}$ |
| Volumen/Masse | $\dfrac{V_1}{m_2} = \dfrac{n_1 \cdot V_m}{n_2 \cdot M_2}$ | $V_1$: Volumen gesuchter Stoff in Liter <br> $m_2$: Masse gegebener Stoff in g <br> (Textaufgabe entnehmen) |
| | | $n_1$ und $n_2$: Stoffmengen der Stoffe 1 und 2 in mol (gegebener Reaktionsgleichung entnehmen) |
| | | $M_2$: molare Masse von Stoff 2 in $g \cdot mol^{-1}$ (Tafelwerk entnehmen) <br> $V_m = 22{,}4\,L \cdot mol^{-1}$ |
| Volumen/Volumen | $\dfrac{V_1}{V_2} = \dfrac{n_1}{n_2}$ | $V_1$: Volumen gesuchter Stoff in Liter <br> $V_2$: Volumen gegebener Stoff in Liter <br> $n_1$ und $n_2$: Stoffmengen der Stoffe 1 und 2 in mol (gegebener Reaktionsgleichung entnehmen) |

Um Verwechslungen möglichst auszuschalten, sollte man bei der gesuchten und gegebenen Größe im Ansatz hinter dem Index 1 und 2 in Klammern das Formelzeichen angeben, z. B. $m_1$ ($Fe_2O_3$).
Tafelwerk $\stackrel{\wedge}{=}$ Tabellen- und Formelsammlung

## 2. Möglichkeit: Lösen mithilfe der Verhältnisgleichung

Nutzen der Massen- oder Volumenverhältnisse

*Beispiel:* Methan ist der Hauptbestandteil von Erdgas. Berechnen Sie die Masse Wasser, die bei der Verbrennung von 1 000 Litern Methan entsteht.

Zuordnung der gegebenen und gesuchten Größe an die zutreffenden chemischen Zeichen über der Reaktionsgleichung:

**1 000 L**                           **m**

$$CH_4 \; + \; 2\,O_2 \longrightarrow CO_2 \; + \; 2\,H_2O$$

Abschreiben der Stoffmengen der Stoffe aus der Reaktionsgleichung:

**1 mol**                                  **2 mol**

Übernehmen der molaren Größen aus dem Tafelwerk. Ist vom Stoff die Masse gegeben oder gesucht, wird die molare Masse verwendet, ist das Volumen gegeben oder gesucht, muss das molare Volumen eingesetzt werden (für alle Gase 22,4 L · mol$^{-1}$ bei Normbedingungen).

**22,4 L · mol$^{-1}$**                     **18 g · mol$^{-1}$**

Multiplikation der Stoffmenge mit der molaren Größe

**22,4 L**                              **36 g**

Aufstellen der Verhältnisgleichung: In den Zähler die oben notierten Größen eintragen, in den Nenner die aus der Reaktionsgleichung ermittelten Volumina oder Massen schreiben:

$$\frac{1\,000\,L}{22,4\,L} = \frac{m}{36\,g}$$

Mathematische Umformung:

$$\frac{1\,000\,L \cdot 36\,g}{22,4\,L} = m$$

Lösen der Gleichung:

**m = 1 607 g**

Formulieren eines sinnvollen Antwortsatzes:
**Wenn 1 000 Liter Methan verbrannt werden, entstehen dabei rund 1 607 Gramm Wasser.**

# Aufstellen von Reaktionsgleichungen für chemische Reaktionen an denen Sauerstoff beteiligt ist

## 1. Oxidation eines Metalls oder Nichtmetalls

Algorithmus:
- Wortgleichung
- Entnahme der chemischen Zeichen der Ausgangsstoffe und Reaktionsprodukte aus einem Nachschlagewerk (Tafelwerk)
- Ausgleichen der Atome des Elements Sauerstoff
- Ausgleichen der Atome des zweiten Elements
- Die Anzahl der Atome wird immer über den kleinsten gemeinsamen Nenner ausgeglichen
- Koeffizient 1 wird nicht vor das chem. Zeichen gesetzt!

Beispiel: Magnesium + Sauerstoff $\longrightarrow$ Magnesiumoxid

$Mg$ $\quad\quad$ $O_2$ $\quad\quad\quad\quad\quad$ $MgO$

$$2\,Mg \;+\; O_2 \longrightarrow 2\,MgO$$

$$O : 2 \;=\; 2 \cdot 1$$
$$Mg : 2 \cdot 1 \;=\; 2$$

Beispiel: Aluminium + Sauerstoff $\longrightarrow$ Aluminiumoxid

$Al$ $\quad\quad$ $O_2$ $\quad\quad\quad\quad\quad$ $Al_2O_3$

$$4\,Al \;+\; 3\,O_2 \longrightarrow 2\,Al_2O_3$$

$$O : 3 \cdot 2 \;=\; 2 \cdot 3$$
$$Al : 4 \cdot 1 \;=\; 2 \cdot 2$$

Beispiel: Schwefel + Sauerstoff $\longrightarrow$ Schwefeldioxid

$S$ $\quad\quad$ $O_2$ $\quad\quad\quad\quad\quad$ $SO_2$

$$S \;+\; O_2 \longrightarrow SO_2$$

$$O : 2 \;=\; 2$$
$$S : 1 \;=\; 1$$

Kein Ausgleichen der Atome erforderlich!

## 2. Redoxreaktion (mit Sauerstoffübergang)

Algorithmus:
- wie bei Erstens
- Ausgleichen der Atome des dritten Elements noch erforderlich

Beispiel: Eisen(II, III)-oxid + Aluminium $\longrightarrow$ Eisen + Aluminiumoxid

$Fe_3O_4$ $\quad\quad$ $Al$ $\quad\quad\quad\quad\quad$ $Fe$ $\quad\quad$ $Al_2O_3$

$$3\,Fe_3O_4 \;+\; 8\,Al \longrightarrow 9\,Fe \;+\; 4\,Al_2O_3$$

$$O : 3 \cdot 4 \;=\; 4 \cdot 3$$
$$Fe : 9 \;=\; 9 \cdot 1$$
$$Al : 8 \cdot 1 \;=\; 8$$

VII

Beispiel: Kupfer(II)-oxid + Eisen $\longrightarrow$ Kupfer + Eisen(III)-oxid
 CuO  Fe  Cu  $Fe_2O_3$

$$3\,CuO + 2\,Fe \longrightarrow 3\,Cu + Fe_2O_3$$

$$O:3 \cdot 1 = 3$$
$$Cu:3 = 3 \cdot 1$$
$$Fe:2:1 = 2$$

## 3. Vollständige Verbrennung von gesättigten Kohlenwasserstoffen

Algorithmus:
- Die Reaktionsprodukte sind immer Kohlenstoffdioxid und Wasser.
- Beim Ausgleichen beginnt man mit der Anzahl Kohlenstoffatome. Es folgt der Ausgleich der Wasserstoffatome. Zuletzt werden die Sauerstoffatome ausgeglichen.
- Ergibt sich für Sauerstoff ein gebrochener Koeffizient, werden alle Koeffizienten mit „Zwei" multipliziert.

Beispiel: Propan + Sauerstoff $\longrightarrow$ Kohlenstoffdioxid + Wasser
 $C_3H_8$  $O_2$  $CO_2$  $H_2O$

$$C_3H_8 + 5\,O_2 \longrightarrow 3\,CO_2 + 4\,H_2O$$

$$C:3 = 3 \cdot 1$$
$$H:8 = 4 \cdot 2$$
$$O:2 = 6 = 3 \cdot 2 \quad 4 = 4 \cdot 1$$
$$5 \cdot 2 = 10$$

Beispiel: Butan + Sauerstoff $\longrightarrow$ Kohlenstoffdioxid + Wasser
 $C_4H_{10}$  $O_2$  $CO_2$  $H_2O$

$$C_4H_{10} + 6{,}5\,O_2 \longrightarrow 4\,CO_2 + 5\,H_2O$$

$$C:4 = 4 \cdot 1$$
$$H:10 = 5 \cdot 2$$
$$O:2 = 8 = 4 \cdot 2 \quad 5 = 5 \cdot 1$$
$$6{,}5 \cdot 2 = 13$$

Alle Koeffizienten mit „2" multiplizieren, um „halbe Moleküle" chemisch zu vermeiden

$$2\,C_4H_{10} + 13\,O_2 \longrightarrow 8\,CO_2 + 10\,H_2O$$

## Gliederung eines Protokolls

**Protokoll**

**Aufgabe:**
Entsprechend der experimentellen Anweisung wird der Auftrag in Satzform aufgeschrieben.

**Vorbetrachtung:**
Fragen zur theoretischen oder praktischen Absicherung des Experiments werden gelöst. (Beschreibung der Ausgangsstoffe, Erklärung von Fachbegriffen, Notieren von Formeln, Beschreibung von Nachweisen, Aufstellen einer Vermutung, etc.)

**Skizze:**
Die wichtigsten Geräte werden im arbeitsfähigen Zusammenhang grafisch dargestellt (Stativmaterial braucht nicht gezeichnet zu werden, ggf. Stopfen nicht vergessen). Oft ist zusätzlich eine Beschriftung der Geräte und Chemikalien gefordert.

**Durchführung:**
In zeitlich richtiger Reihenfolge werden die experimentellen Tätigkeiten notiert und Hinweise zum Arbeitsschutz gegeben.

**Beobachtungen:**
Welche Wahrnehmungen (Sehen, Fühlen, Riechen, Hören) sind mit den Sinnesorganen während des Experiments erfolgt? Bei Einsatz von Messgeräten sind die Messwerte aufzuführen (Temperatur, Zeit).

**Auswertung:**
Schlussfolgerungen aus den Beobachtungen, Begründung für den Ablauf einer chemischen Reaktion, Formulierungen von Wort- und Reaktionsgleichungen, Bezugnahme zu den Vorbetrachtungen (Bestätigung der Vermutung) und der Aufgabe (Wurde die Aufgabe erfüllt?)

**Entsorgung:**
Besonders bei Verwendung oder Entstehung von Gefahrstoffen sind die Festlegungen zum Umgang mit diesen Substanzen einzuhalten.

**Beispiel**

**a) Aufgabenstellung:**

**Protokoll**
**Einfluss der Temperatur der reagierenden Stoffe auf den Reaktionsverlauf**

**Aufgabe:**
Bringen Sie Magnesium mit Chlorwasserstoffsäure (Salzsäure) bei unterschiedlichen Temperaturen zur Reaktion.

**Vorbetrachtung:**
1. Formulieren Sie die Reaktionsgleichung für die Reaktion von Magnesium mit Salzsäure.
2. Stellen Sie eine Vermutung auf, wie sich unterschiedliche Temperaturen auf den Verlauf der Reaktion auswirken könnten.

**Durchführung:**
1. Bereiten Sie 2 Stück Magnesiumband von 1,5 cm Länge vor.
2. Füllen Sie das Becherglas mit warmem Wasser (Warmwasserleitung).
3. Füllen Sie <u>zwei</u> Reagenzgläser halb voll mit Chlorwasserstoffsäure.
4. Stellen Sie <u>ein</u> Reagenzglas in das warme Wasser.
5. Geben Sie das erste Stück Magnesiumband in die Säure mit Zimmertemperatur und messen Sie die Zeit, bis das Stück vollständig zersetzt ist. Notieren Sie die Zeit.

6. Wiederholen Sie die Reaktion, indem Sie nun das zweite Stück Magnesiumband in die inzwischen erwärmte Säure geben. Notieren Sie ebenfalls die Zeit bis zum vollständigen Zersetzen des Metalls.

**Beobachtungen:**
Reagenzglas 1 (Zimmertemperatur):
Reagenzglas 2 (erwärmt):

**Auswertung:**
1. Vergleichen Sie die Zeiten bei den Teilversuchen und bewerten Sie Ihre Vermutung.
2. Formulieren Sie in Worten einen Zusammenhang zwischen der Temperatur der reagierenden Stoffe und der Reaktionszeit.
3. Entscheiden Sie aufgrund der Versuchsergebnisse, ob die folgenden Aussagen wahr oder falsch sind:
   (1) Bei geringerer Temperatur wird in gleicher Zeit weniger Wasserstoff gebildet als bei höherer Temperatur.
   (2) Das gleiche Volumen Wasserstoff entsteht bei niedriger Temperatur eher als bei höherer Temperatur.
   (3) Bei niedriger Temperatur bildet sich das gleiche Volumen Wasserstoff in längerer Zeit als bei höherer Temperatur!
4. Begründen Sie, warum sich Nahrungsmittel in Kühlschrank länger halten als bei Zimmertemperatur!

**Entsorgung:**
Nach der Ausführung der Aufgabe spülen Sie bitte alle Reagenzgläser aus. Die Entsorgung der Lösungen ist über das Abwasser problemlos möglich.

**b) mögliches Ergebnis:**

**Protokoll**
**Einfluss der Temperatur der reagierenden Stoffe auf den Reaktionsverlauf**

**Aufgabe:**
Bringen Sie Magnesium mit Chlorwasserstoffsäure (Salzsäure) bei unterschiedlichen Temperaturen zur Reaktion.

**Vorbetrachtung:**
1. $Mg + 2\,HCl \longrightarrow MgCl_2 + H_2$
2. Bei höherer Temperatur wird die chemische Reaktion vermutlich in kürzerer Zeit ablaufen.

**Beobachtungen:**
Reagenzglas 1 (Zimmertemperatur):    25 s
Reagenzglas 2 (erwärmt):    15 s

**Auswertung:**
1. Vergleich: 25 s > 15 s
   Meine Vermutung war richtig
2. Bei höherer Temperatur verläuft eine chemische Reaktion in einer kürzeren Zeit.
3. (1) wahr
   (2) falsch
   (3) wahr
4. Bei der niedrigeren Temperatur im Kühlschrank verlaufen die chemischen Reaktionen zur Zersetzung der Nahrungsmittel langsamer.

X

# Grundlegende Begriffe des Chemielehrplans

## Klassenstufe 8

| Begriff | Begriffserläuterung |
|---------|---------------------|
| Ausgangsstoffe | Ausgangsstoffe sind Stoffe, die vor einer chemischen Reaktion vorliegen. |
| Chemische Reaktion | Eine chemische Reaktion ist ein Vorgang, bei dem eine Stoffumwandlung verbunden mit einer Energieumwandlung stattfindet. |
| Chemische Verbindung | Eine chemische Verbindung ist ein Stoff, der aus mehreren Elementen zusammengesetzt ist. |
| Chemisches Element | Ein chemisches Element ist ein Stoff, der nur aus einer Atomart besteht. |
| Endotherme Reaktion | Eine endotherme Reaktion ist eine Reaktion, bei der Wärme aufgenommen wird. |
| Energieumwandlung | Die Energieumwandlung ist ein Merkmal der chemischen Reaktion, bei der Energie der Ausgangsstoffe in Energie der Reaktionsprodukte umgewandelt wird. |
| Exotherme Reaktion | Eine exotherme Reaktion ist eine Reaktion, bei der Wärme abgegeben wird. |
| Formel | Die Formel kennzeichnet eine chemische Verbindung. |
| Kern-Hülle-Modell | Das Kern-Hülle-Modell ist eine Vorstellung vom Bau eines Atoms, das aus einem elektrisch positiv geladenen Atomkern (Protonen) und einer elektrisch negativ geladenen Atomhülle (Elektronen) besteht. |
| Molare Masse | Die molare Masse M eines Stoffes ist der Quotient aus der Masse m einer Stoffportion und der zugehörigen Stoffmenge n. (Masse eines Stoffes, die sich auf 600 Trilliarden Teilchen dieses Stoffes bezieht – im Tafelwerk ablesbar) |
| Molekül | Ein Molekül ist eine Teilchenart, die aus mindestens zwei Atomen besteht. |
| Oxid | Ein Oxid ist eine Verbindung eines Elements mit Sauerstoff. |
| Oxidation | Eine Oxidation ist einen chemische Reaktion, bei der ein Stoff mit Sauerstoff reagiert. Das Reaktionsprodukt nennt man Oxid. |
| Oxidationsmittel | Als Oxidationsmittel wirkt der Ausgangsstoff, der Sauerstoff abgeben kann. Er wird selbst reduziert. |
| Reaktionsgleichung | Die Reaktionsgleichung ist eine Kennzeichnung der chemischen Reaktion mithilfe der chemischen Zeichensprache. |
| Reaktionsprodukte | Reaktionsprodukte sind Stoffe, die bei einer chemischen Reaktion gebildet werden. |
| Redoxreaktion | Eine Redoxreaktion ist eine chemische Reaktion, bei der Oxidation und Reduktion gleichzeitig ablaufen. |
| Reduktion | Eine Reduktion ist eine chemische Reaktion, bei der einem Oxid Sauerstoff entzogen wird. |

| | |
|---|---|
| Reduktionsmittel | Als Reduktionsmittel wirkt der Ausgangsstoff, der Sauerstoff aufnehmen kann. Er wird selbst oxidiert. |
| Reinstoff | Ein Reinstoff besteht nur aus einem Stoff. |
| Stoff | Ein Stoff ist ein Material, aus dem Körper bestehen. |
| Stoffgemisch | Ein Stoffgemisch besteht aus mindestens zwei Reinstoffen. |
| Stoffmenge | Die Stoffmenge n von 1 mol ist eine Stoffportion, die aus $6 \cdot 10^{23}$ Teilchen (600 Trilliarden Teilchen) besteht. |
| Stoffumwandlung | Bei einer Stoffumwandlung entstehen neue Stoffe mit neuen Eigenschaften. |
| Symbol | Das Symbol ist ein international vereinbartes Zeichen für ein chemisches Element. |
| Wortgleichung | Die Wortgleichung gibt die Namen der Ausgangsstoffe und Reaktionsprodukte einer chemischen Reaktion an. |

**Klassenstufe 9**

| *Begriff* | *Begriffserläuterung* |
|---|---|
| Atombindung | Eine Atombindung ist eine Art der chemischen Bindung, bei der der Zusammenhalt der Atome durch gemeinsame Elektronenpaare bewirkt wird. |
| Außenelektronen | Außenelektronen sind die Elektronen, die sich am weitesten vom Atomkern entfernt befinden. |
| basische Lösung | Basische Lösungen sind wässrige Lösungen, in denen Hydroxid-Ionen im Überschuss vorhanden sind. |
| Elektronenschale | Die Elektronenschale ist der Aufenthaltsraum der Elektronen in der Atomhülle. |
| fraktionierte Destillation | Unter fraktionierter Destillation versteht man ein Verfahren zur Trennung eines Stoffgemisches aufgrund unterschiedlicher Siedetemperaturen in Teilstoffgemische (Fraktionen). |
| gesättigte Kohlenwasserstoffe | Gesättigte Kohlenwasserstoffe sind Kohlenwasserstoffe mit nur Einfachbindungen zwischen den Kohlenstoffatomen im Molekül. |
| Ionen | Ionen sind elektrisch positiv oder negativ geladene Teilchen in der Größenordnung eines Atoms. |
| Ionenbindung | Die Ionenbindung ist eine chemische Bindungsart, die auf der Anziehung von entgegengesetzt geladenen Ionen beruht. |
| Kohlenwasserstoffe | Kohlenwasserstoffe sind chemische Verbindungen, die nur aus den Elementen Kohlenstoff und Wasserstoff aufgebaut sind. |
| Modifikationen | Als Modifikationen bezeichnet man unterschiedliche Erscheinungsformen eines Stoffes. |
| molares Volumen eines Gases | $V_m$ ist der Quotient aus dem Volumen $V$ und der dazugehörigen Stoffmenge $n$; $V_m$ (für alle Gase unter Normbedingungen) $= 22,4 \text{ L} \cdot \text{mol}^{-1}$ |
| Monomer | Ein Monomer ist ein Einzelmolekül. |

| neutrale Lösung | Neutrale Lösungen sind wässrige Lösungen, in denen weder ein Überschuss an Wasserstoff-Ionen noch ein Überschuss an Hydroxid-Ionen vorhanden ist. |
| --- | --- |
| Neutralisation | Die Neutralisation ist eine chemische Reaktion, bei der Wasserstoff-Ionen mit Hydroxid-Ionen zu Wassermolekülen reagieren bzw. ist eine chemische Reaktion, bei der eine saure Lösung mit einer basischen Lösung zu einer neutralen Lösung reagiert. |
| pH-Wert | Der pH-Wert ist eine Zahl für die Stärke einer sauren bzw. basischen Lösung. |
| Polymer | Ein Polymer ist ein Riesenmolekül, das aus vielen Einzelmolekülen gebildet wird. |
| Polymerisation | Die Polymerisation ist eine chemische Reaktion, bei der aus Monomeren unter Aufspaltung der vorhandenen Mehrfachbindungen Polymere entstehen. |
| saure Lösung | Eine saure Lösung ist eine wässrige Lösung mit einem Überschuss an Wasserstoff-Ionen. |
| ungesättigte Kohlenwasserstoffe | Ungesättigte Kohlenwasserstoffe sind Kohlenwasserstoffe mit mindestens einer Mehrfachbindung zwischen den Kohlenstoffatomen im Molekül. |

**Klassenstufe 10**

| *Begriff* | *Begriffserläuterung* |
| --- | --- |
| Katalysator | Ein Katalysator ist ein Stoff, der eine chemische Reaktion auslösen bzw. deren Reaktionsgeschwindigkeit erhöhen kann. |
| Metallbindung | Die Metallbindung ist eine Art der chemischen Bindung, die auf der Anziehung elektrisch positiv geladener Metall-Ionen und elektrisch negativ geladener frei beweglicher Elektronen beruht. |
| Reaktionsgeschwindigkeit | Die Reaktionsgeschwindigkeit ist der Quotient aus Konzentrationsänderung eines an der Reaktion beteiligten Stoffes und der dafür benötigten Zeit. |

## Demonstrations- und Schülerexperimente der Jahrgangsaufgaben

| Jahr | Aufgabe | Inhalt | Lösung (Seite) |
|---|---|---|---|
| 2005 | Pflicht 1 (DE) | – Untersuchen einer farblosen Lösung | 2005-2 |
| | Wahl 2 (SE) | – Untersuchen einer unbekannten Lösung mit vorgegebenen Chemikalien | 2005-4 |
| | Wahl 3 (SE) | – Identifizieren von Wasser, Traubenzucker und Citronensäure | 2005-7 |
| | Wahl 4 (SE) | – Darstellung und Nachweis von Sauerstoff | 2005-10 |
| 2006 | Pflicht 1 (DE) | – Neutralisation | 2006-2 |
| | Wahl 2 (SE) | – Identifizieren von Calciumcarbonat und Salzsäure | 2006-6 |
| | Wahl 3 (SE) | – Trennung eines Stoffgemischs aus Natriumchlorid und Schwefel | 2006-10 f. |
| | Wahl 4 (SE) | – Untersuchen zweier chemischer Reaktionen hinsichtlich energetischer Erscheinungen | 2006-14 |
| 2007 | Pflicht 1 (DE) | – Nachweis von Kohlenstoffdioxid in der Ausatemluft | 2007-2 |
| | Wahl 2 (SE) | – Identifizierung von Silbernitrat-, Natriumcarbonat- und Kochsalzlösung mit Salzsäure | 2007-6 |
| | Wahl 3 (SE) | – Untersuchen chemischer Eigenschaften von Ethansäure und Salzsäure | 2007-9 f. |
| | Wahl 4 (SE) | – Untersuchen der Eigenschaften eines gegebenen Stoffes – Natriumsulfat | 2007-14 |
| 2008 | Pflicht 1 (DE) | – Reaktion von Oxiden mit Wasser | 2008-3 |
| | Wahl 2 (SE) | – Verbrennen eines Kohlenwasserstoffs | 2008-7 |
| | Wahl 3 (SE) | – Darstellung und Nachweis von Sauerstoff | 2008-10 f. |
| | Wahl 4 (SE) | – Identifizierung von Kaliumchloridlösung, Salzsäure und Schwefelsäurelösung | 2008-14 f. |
| 2009 | Pflicht 1 (DE) | – Reaktion von Salzsäure mit Metallen | 2009-2 |
| | Wahl 2 (SE) | – Nachweis von Stärke und Glucose (Traubenzucker) | 2009-6 |
| | Wahl 3 (SE) | – Überprüfen von Haushaltschemikalien | 2009-9 |
| | Wahl 4 (SE) | – Reaktionen von Kohlenstoffverbindungen | 2009-13 |
| 2010 | Pflicht 1 (DE) | – Reaktion von Salzsäure mit Calciumcarbonat | 2010-3 |
| | Wahl 2 (SE) | – Nachweis von Calciumhydroxid | 2010-7 |
| | Wahl 3 (SE) | – Neutralisation | 2010-11 |
| | Wahl 4 (SE) | – Nachweis von Salzsäure und Schwefelsäure | 2010-15 |
| 2011 | Pflicht 1 (DE) | – Überprüfen einer farblosen Flüssigkeit | 2011-2 |
| | Wahl 2 (SE) | – Identifizieren eines Kunststoffes | 2011-7 |
| | Wahl 3 (SE) | – Reaktion der Metalloxide | 2011-10 |
| | Wahl 4 (SE) | – Untersuchen einer Wasserprobe | 2011-13 |

XIV

| Jahr | Aufgabe | Inhalt | Lösung (Seite) |
|------|---------|--------|----------------|
| 2012 | Pflicht 1 (DE) | – Neutralisation | 2012-2 |
|      | Wahl 2 (SE) | – Verbrennung eines Kohlenwasserstoffs | 2012-7 f. |
|      | Wahl 3 (SE) | – Erkennen von Bariumchlorid- und Silbernitratlösung | 2012-12 |
|      | Wahl 4 (SE) | – Identifizieren von organischen Stoffen | 2012-16 |
| 2013 | Pflicht 1 (DE) | – Erkennen von chemischen Reaktionen | 2013-2 |
|      | Wahl 2 (SE) | – Identifizieren von Calciumsulfat | 2013-6 f. |
|      | Wahl 3 (SE) | – Unterscheiden von Kalkentferner und Spülmaschinenpulver | 2013-9 |
|      | Wahl 4 (SE) | – Unterscheiden von Wasser, Eiweiß-Lösung und Silbernitrat-Lösung | 2013-12 |
| 2014 | Pflicht 1 (DE) | – Untersuchen von Natriumchlorid | 2014-2 |
|      | Wahl 2 (SE) | – Nachweis von Ionen | 2014-5 f. |
|      | Wahl 3 (SE) | – Edle und unedle Metalle | 2014-10 |
|      | Wahl 4 (SE) | – Kalklöschen | 2014-14 |

DE: Demonstrationsexperiment des Lehrers in der Pflichtaufgabe
SE: Schülerexperiment in der entsprechenden Wahlaufgabe

BE

1.1  Ihnen werden folgende Experimente demonstriert:

a) Ein Teil einer farblosen Lösung wird mit Universalindikator-Lösung geprüft.

b) In einen zweiten Teil dieser farblosen Lösung wird ein Stück Marmor (Calciumcarbonat) gegeben.

– Notieren Sie Ihre Beobachtung zu den Experimenten a) und b).

– Geben Sie Name und Formel der Teilchen an, die im Experiment a) nachgewiesen wurden.

– Schließen Sie aus Ihrer Beobachtung zum Experiment a) auf die charakteristische Eigenschaft der farblosen Lösung.

– Geben Sie Name und Formel für zwei Stoffe an, die möglicherweise als farblose Lösung eingesetzt wurden.

Eine brennende Kerze würde im Gefäß während des Experimentes b) verlöschen. Erläutern Sie diese Erscheinung.

8

1.2  Die im Experiment benutzte chemische Verbindung Calciumcarbonat setzt sich aus mehreren Elementen zusammen, deren Atombau aus dem Periodensystem ableitbar ist.

– Nennen Sie die chemischen Elemente, aus denen Calciumcarbonat aufgebaut ist.

– Begründen Sie mit dem Atombau eines der Elemente, warum dieses Element an seinem Platz im Periodensystem steht. Treffen Sie drei Aussagen.

– Zeichnen und beschriften Sie das Schalenmodell für ein Atom des ausgewählten Elementes.

– Geben Sie die Stoffklasse an, zu der das ausgewählte Element gehört.

7

1.3  Kalkdüngemittel enthalten Calciumcarbonat und Calciumhydroxid. Düngemittel werden für die Pflanzen erst in Form von Ionen verfügbar.

– Entwickeln Sie die Reaktionsgleichung für das Lösen von Calciumhydroxid.

– Erläutern Sie die chemische Reaktion, die beim Einwirken von Calciumhydroxid auf einen sauren Boden abläuft. Gehen Sie nur auf die reagierenden Teilchen ein.

– Beschreiben Sie, wie sich der pH-Wert eines sauren Bodens beim Einsatz eines Kalkdüngemittels ändert.

7

1.4  Für die Herstellung von Kalkdüngemitteln wird in der Natur vorkommender Kalkstein (Calciumcarbonat) im Schachtofen bei etwa 1 000 °C „gebrannt". Ein Produkt ist der so genannte Branntkalk (Calciumoxid).

– Erläutern Sie an diesem Beispiel ein Merkmal chemischer Reaktionen.

– Notieren Sie ein weiteres Merkmal chemischer Reaktionen.

$\dfrac{3}{25}$

# Lösungen

1.1 — **Beobachtungen:** Experiment a): Rotfärbung der Universalindikator-Lösung

Experiment b): Aufschäumen, Bläschenbildung

— Wasserstoff-Ion: $H^+$

— saure Lösung oder Säure

— Salzsäure: $HCl$

Essigsäure: $CH_3COOH$

— Kohlenstoffdioxid-Bildung, erstickende Wirkung

1.2 — Calcium, Kohlenstoff und Sauerstoff

— Beispiel Calcium: • 20 Protonen im Kern, deshalb Ordnungszahl 20
• vier besetzte Elektronenschalen, deshalb vierte Periode
• zwei Außenelektronen, deshalb zweite Hauptgruppe

— Schalenmodell des Calciumatoms:

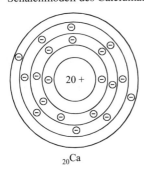

$_{20}Ca$

— Stoffklasse: Metalle

1.3 — $Ca(OH)_2 \longrightarrow Ca^{2+} + 2\,OH^-$

— Im Boden reagieren die Wasserstoff-Ionen mit den Hydroxid-Ionen des Düngers zu Wassermolekülen. Es findet eine Neutralisation statt.

— angenommenes Beispiel: pH-Wert der Bodenlösung = 5
Einsatz des Kalkdüngers: Erhöhung des pH-Wertes beispielsweise auf 7 (neutral)

1.4 — Energieumwandlung: Das Kalkbrennen ist eine endotherme Reaktion, also wird Wärme in chemische Energie umgewandelt.

— Eine Stoffumwandlung findet statt.

BE

2.1  Wasser ist ein gutes Lösungsmittel für viele Stoffe.

– Ordnen Sie folgende Chemikalien aus dem Alltag nach ihrer charakteristischen Eigenschaft der Lösung. Übernehmen Sie dazu die Tabelle in Ihre Arbeit und ergänzen Sie diese.

Vollwaschmittel, Essig, Kernseife, Kochsalz, Salzsäure, Traubenzucker

| charakteristische Eigenschaft der Lösung | Beispiel |
|---|---|
| sauer | |
| | |
| | |

– Begründen Sie das Verhalten einer Zucker-Lösung und einer Kochsalz-Lösung beim Prüfen auf elektrische Leitfähigkeit.    7

2.2  **Experiment:**

Sie erhalten ein Gefäß mit einer unbekannten wässrigen Lösung. Mithilfe von Magnesiumspänen, Silbernitrat-Lösung und Bariumchlorid-Lösung sollen Sie ermitteln, um welche Lösung es sich handelt.

– Prüfen Sie die Lösung mit jeder der gegebenen Chemikalien.

– Notieren Sie Ihre Beobachtungen zu jedem Teilexperiment.

– Werten Sie Ihre Beobachtungen aus.

– Entwickeln Sie die Reaktionsgleichung für die chemische Reaktion, bei der sich ein Niederschlag gebildet hat.

– Stellen Sie eine Vermutung auf, um welche Lösung es sich handelt.

– Wie könnten Sie Ihre Vermutung experimentell bestätigen?    9

2.3  Essig wird im Handel als 5 %-ige und 20 %-ige Lösung angeboten.

– Geben Sie an, wie viel reine Essigsäure in jeweils 100 g der Lösungen enthalten sind.

– Notieren Sie drei Verwendungsmöglichkeiten für Essigsäure-Lösung.

– Leiten Sie aus einer Eigenschaft zwei Maßnahmen zum Umgang mit konzentrierten Säurelösungen ab.    5

2.4  Säurelösungen reagieren mit Carbonaten.
Berechnen Sie das Volumen an Kohlenstoffdioxid, das bei der chemischen Reaktion von 2,5 g Calciumcarbonat mit Schwefelsäure entstehen kann.

$$CaCO_3 + H_2SO_4 \longrightarrow CaSO_4 + H_2O + CO_2$$    4

25

## Lösungen

| 2.1 | charakteristische Eigenschaft der Lösung | Beispiel |
|---|---|---|
| | sauer | Essig, Salzsäure |
| | basisch | Vollwaschmittel, Kernseife |
| | neutral | Traubenzucker, Kochsalz |

- Im Gegensatz zur Zucker-Lösung leitet die Kochsalz-Lösung den Strom. Die Kochsalz-Lösung enthält frei bewegliche Natrium- und Chlorid-Ionen. Die Zucker-Lösung enthält keine frei beweglichen Ionen.

2.2 – Durchführung: Aufteilen der unbekannten Lösung für drei Versuche
- **Beobachtungen:** • Zugabe eines Magnesiumspans: Aufschäumen
  - • Zugabe von Silbernitrat-Lösung: keine Veränderung der Lösung
  - • Zugabe von Bariumchlorid-Lösung: weißer Niederschlag
- **Auswertung:** • Gasbildung, Entstehung von Wasserstoff
  - • keine Chlorid-Ionen vorhanden
  - • Sulfat-Ionen in der unbekannten Lösung
- **Reaktionsgleichung:** $Ba^{2+} + SO_4^{2-} \longrightarrow BaSO_4$
- **Vermutung:** Es handelt sich um verdünnte Schwefelsäure.
- Rotfärbung eines Unitestpapier-Streifens

2.3 – Essigsäure im Handel:
  - – 5 %-ig:  5 g auf 100 g Lösung
  - – 20 %-ig:  20 g auf 100 g Lösung
- Speisewürze, Konservierungs- und Reinigungsmittel
- ätzend: Schutzbrille, Schutzkleidung tragen

2.4 **Berechnung:**

gesucht:  $V_1$(Kohlenstoffdioxid)  gegeben:  $m_2 = 2,5$ g

$n_1 = 1$ mol  $n_2 = 1$ mol

$V_m = 22,4 \, L \cdot mol^{-1}$  $M_2 = 100 \, g \cdot mol^{-1}$

Lösung:  $\dfrac{V_1}{m_2} = \dfrac{n_1 \cdot V_m}{n_2 \cdot M_2}$

Umformen / Einsetzen:

$$V_1 = \frac{m_2 \cdot n_1 \cdot V_m}{n_2 \cdot M_2} = \frac{2,5 \, g \cdot 1 \, mol \cdot 22,4 \, L \cdot mol^{-1}}{1 \, mol \cdot 100 \, g \cdot mol^{-1}}$$

$\underline{V_1 = 0,56 \, L}$

Aus 2,5 g Calciumcarbonat lassen sich 0,56 L Kohlenstoffdioxid herstellen.

BE

3.1 Erdgas gilt als der sauberste unter den fossilen Energieträgern, aufgrund der geringen Rußbildung bei seiner Verbrennung. Seine Zusammensetzung hängt von der jeweiligen Lagerstätte ab.

| Bestandteile des Erdgases | Zusammensetzung des Erdgases in % | |
|---|---|---|
| | Lagerstätte Handle-Hogoton Texas, USA | Lagerstätte Croningen Niederlande |
| Stickstoff | 12,97 | 14,32 |
| Sauerstoff | 2,01 | 0,01 |
| Kohlenstoffdioxid | 0,52 | 0,86 |
| Methan | 76,18 | 81,30 |
| Ethan | 4,05 | 2,84 |
| Propan | 2,55 | 0,43 |
| Butan | 1,33 | 0,14 |
| Pentan | 0,63 | 0,08 |
| Hexan | – | 0,02 |

*Quelle: www.erdgasinfo.de*

– Suchen Sie aus der Tabelle den Hauptbestandteil des Erdgases heraus.
– Entwickeln Sie die Reaktionsgleichung für die Verbrennung dieses Bestandteils.
– Notieren Sie die Strukturformel für zwei weitere organische Verbindungen, die im Erdgas vorkommen.
– Ordnen Sie die organischen Stoffe aus der Tabelle einer Stoffklasse zu und geben Sie das gemeinsame Strukturmerkmal an.

6

3.2 **Experimente:**

Ermitteln Sie, in welchem der mit A, B und C gekennzeichneten Reagenzgläser sich Wasser, Traubenzucker-Lösung und Citronensäure-Lösung befindet.

– Entwickeln Sie einen Plan für Ihr experimentelles Vorgehen und legen Sie diesen dem Lehrer vor.
– Führen Sie die Experimente durch und notieren Sie Ihre Beobachtungen.
– Ordnen Sie die Stoffe den Reagenzgläsern A, B und C zu.

7

3.3 Traubenzucker ist Grundbaustein einer Nährstoffgruppe.

– Um welche Nährstoffgruppe handelt es sich dabei?
– Geben Sie zwei weitere Vertreter dieser Nährstoffgruppe an.
– Nennen Sie die zwei weiteren Nährstoffgruppen und deren Grundbausteine.

5

3.4 Traubenzucker wird auch zum „Genussmittel" Ethanol vergoren.

Lesen Sie den folgenden Text zum Alkoholkonsum von Jugendlichen.

*Befragungen von Jugendlichen belegen, dass 1 % der 12- bis 13-Jährigen und 16 % der 14- bis 15-Jährigen mindestens einmal pro Woche Alkohol konsumieren. Bei Jugendlichen zwischen 16 und 21 Jahren liegt der Wert bei 37 %.*
*Alcopops sind gegenwärtig die beliebtesten alkoholischen Getränke, gefolgt von Bier, Wein und Sekt.*

Äußern Sie sich zusammenhängend über die Probleme, die sich aus den angeführten Fakten ergeben. Gehen Sie dabei auf zeitweilige und dauerhafte Auswirkungen des Alkoholkonsums bei Jugendlichen ein.

3

3.5 Ethanol wird auch zur Herstellung von Duftstoffen verwendet.

Berechnen Sie die Masse Ethanol, die zur Bildung von 5,0 g Ethansäureethylester mindestens reagieren muss.

$$CH_3COOH + C_2H_5OH \longrightarrow CH_3COOC_2H_5 + H_2O$$

$\dfrac{4}{25}$

# Lösungen

**3.1** – Hauptbestandteil: Methan
- **Reaktionsgleichung:** $CH_4 + 2\,O_2 \longrightarrow CO_2 + 2\,H_2O$
- **Strukturformeln:**

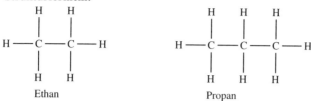

Ethan                    Propan

- **Stoffklasse:** Kohlenwasserstoffe (gesättigt)
- gemeinsames Strukturmerkmal: Einfachbindung zwischen den Kohlenstoffatomen

**3.2** **experimenteller Plan:**
- Nachweismittel: Universalindikator-Lösung und Fehling'sche Lösungen I und II
- Vorgehen: Citronensäure färbt den Indikator rot. Die anderen beiden Lösungen reagieren neutral. Traubenzucker bildet beim Erhitzen mit Fehling'scher Lösung einen ziegelroten Niederschlag. Wasser reagiert nicht mit Fehling'scher Lösung.

**Beobachtungen:**
- Reagenzglas A: Rotfärbung des Indikators
- Reagenzglas B: keine Veränderung der Fehling'schen Lösung
- Reagenzglas C: Bildung eines ziegelroten Niederschlags

**RG A:** Citronensäure-Lösung
**RG B:** Wasser
**RG C:** Traubenzucker-Lösung

**3.3** – Nährstoffgruppe: Kohlenhydrate
- Stärke, Speisezucker
- Eiweiße: Aminosäuren als Grundbausteine
  Fette:     Glycerol und Fettsäuren als Grundbausteine

**3.4** Der Alkoholkonsum bei manchen Jugendlichen setzt schon sehr früh mit einem Alter von nur 12 Jahren ein. Mit fortschreitendem Alter nimmt die Zahl der Jugendlichen mit wöchentlichem Alkoholgenuss zu. Etwa ein Drittel aller Jugendlichen zwischen 16 und 21 Jahren konsumiert einmal in der Woche Alkohol, wobei v. a. Alcopops sehr beliebt sind, die einen beträchtlichen Alkoholanteil aufweisen.
Viele Jugendliche treten motorisiert in der Öffentlichkeit auf. Alkohol wirkt sich zeitweilig auf Reaktionszeiten und Sehtüchtigkeit beim Fahren aus. Langfristig gesehen ist Alkohol ein Zell- und Nervengift. Gehirnzellen sterben ab. Zellen und Gewebe anderer Organe, wie z. B. die der Leber, können durch ständigen Alkoholgenuss ebenfalls zerstört werden.

3.5 **Berechnung:**

gesucht:  $m_1$(Ethanol)  gegeben:  $m_2 = 5{,}0$ g

$n_1 = 1$ mol  $n_2 = 1$ mol

$M_1 = 46$ g $\cdot$ mol$^{-1}$  $M_2 = 88$ g $\cdot$ mol$^{-1}$

Lösung:  $\dfrac{m_1}{m_2} = \dfrac{n_1 \cdot M_1}{n_2 \cdot M_2}$

Umformen / Einsetzen:

$m_1 = \dfrac{m_2 \cdot n_1 \cdot M_1}{n_2 \cdot M_2} = \dfrac{5{,}0\,\text{g} \cdot 1\,\text{mol} \cdot 46\,\text{g} \cdot \text{mol}^{-1}}{1\,\text{mol} \cdot 88\,\text{g} \cdot \text{mol}^{-1}}$

$\underline{\underline{m_1 = 2{,}61 \text{ g (gerundet)}}}$

Um 5,0 g des Esters zu bilden, sind 2,61 g Ethanol erforderlich.

BE

**4.1 Experimente:**

Stellen Sie Sauerstoff durch Erhitzen von Kaliumpermanganat dar und weisen Sie nach, dass Sauerstoff entstanden ist.

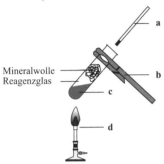

- Notieren Sie die Bezeichnungen für die mit a) bis d) gekennzeichneten Geräte und Chemikalien.
- Führen Sie das Experiment entsprechend der Skizze durch und notieren Sie Ihre Beobachtung.
- Welche Eigenschaft des Sauerstoffs wird für den Nachweis genutzt?      5

4.2 Verbrennungen sind chemische Reaktionen mit Sauerstoff, die nützlich oder schädlich sein können.

- Begründen Sie diese Aussage mit je einem Beispiel.
- Geben Sie drei Bedingungen für das Entstehen eines Feuers an.
- Erläutern Sie zwei Möglichkeiten ein Feuer zu löschen.      6

4.3 – Berechnen Sie die Masse von Kohlenstoff, die benötigt wird, um 2,0 g Kupfer-(II)-oxid zu reduzieren.

$$2\,CuO + C \longrightarrow 2\,Cu + CO_2$$

- Übernehmen Sie die Reaktionsgleichung in Ihre Arbeit, kennzeichnen Sie die Teilreaktion Oxidation und das Oxidationsmittel.      6

4.4 Metalle können auf unterschiedliche Weise mit Sauerstoff reagieren.

- Geben Sie eine energetische Erscheinung beim Verbrennen eines Magnesiumspans an.
- Entscheiden Sie, ob eine endotherme oder eine exotherme Reaktion vorliegt.
- Entwickeln Sie für die Verbrennung von Magnesium die Reaktionsgleichung.
- Beschreiben Sie die allmähliche Veränderung von Eisen an der Luft.
- Notieren Sie drei Möglichkeiten, Eisenteile vor diesen Veränderungen zu schützen.      $\underline{8}$

      25

# Lösungen

**4.1 – Geräte und Chemikalien:**
  a) glimmender Holzspan    b) Reagenzglashalter
  c) Kaliumpermanganat    d) Brenner
  – **Beobachtung:** Der glimmende Holzspan fängt wieder an zu brennen.
  – Sauerstoff fördert die Verbrennung.

**4.2 – nutzbringende Verbrennung:** Verbrennung von Erdgas, (z. B. Wohnung heizen)
  **schädliche Verbrennung:** Brandrodung von Regenwäldern, weil dabei viele Tier-
  und Pflanzenarten ihren Lebensraum verlieren
  – **Bedingungen:**
  • brennbarer Stoff
  • Sauerstoff
  • Entzündungstemperatur (Zündquelle)
  – **Möglichkeiten:**
  • Wasser als Löschmittel, weil Entzündungstemperatur erniedrigt wird
  • Schaum als Löschmittel, um Sauerstoff zu entziehen

**4.3 Berechnung:**

gesucht:  $m_1$(Kohlenstoff)    gegeben:  $m_2 = 2,0$ g
       $n_1 = 1$ mol          $n_2 = 2$ mol
       $M_1 = 12$ g · mol$^{-1}$       $M_2 = 79,5$ g · mol$^{-1}$

Lösung:  $\dfrac{m_1}{m_2} = \dfrac{n_1 \cdot M_1}{n_2 \cdot M_2}$

Umformen / Einsetzen:

$$m_1 = \frac{m_2 \cdot n_1 \cdot M_1}{n_2 \cdot M_2} = \frac{2,0\,\mathrm{g} \cdot 1\,\mathrm{mol} \cdot 12\,\mathrm{g} \cdot \mathrm{mol}^{-1}}{2\,\mathrm{mol} \cdot 79,5\,\mathrm{g} \cdot \mathrm{mol}^{-1}}$$

$m_1 = 0,15$ g (gerundet)

Um 2 g Kupfer(II)-oxid zu reduzieren, benötigt man 0,15 g Kohlenstoff.

$$C + 2\,CuO \longrightarrow CO_2 + 2\,Cu$$

Kupfer(II)-oxid ist das Oxidationsmittel.

**4.4 – Wärme- und Lichtentwicklung**
  – exotherme Reaktion
  – **Reaktionsgleichung:** $2\,Mg + O_2 \longrightarrow 2\,MgO$
  – Durch Luftsauerstoff und Luftfeuchtigkeit beginnt Eisen allmählich zu rosten. Dabei
  überzieht es sich mit einer rotbraunen, wasserdurchlässigen, porösen Rostschicht.
  – Möglichkeiten: Farbanstriche, Kunststoffüberzüge, Feuerverzinken

BE

1.1 Ihnen werden folgende Experimente demonstriert:

a) Eine farblose Flüssigkeit wird mit Universalindikatorlösung (Unitestlösung) versetzt.

b) Natriumhydroxidlösung wird tropfenweise zugegeben.

– Notieren Sie die beobachteten Farbänderungen bei den Experimenten a) und b).

– Geben Sie Name und Formel von zwei Lösungen an, die im Experiment a) möglicherweise eingesetzt wurden.

– Formulieren Sie eine Aussage über die Änderung des pH-Wertes bei der Zugabe der Natriumhydroxidlösung.

Für die chemische Reaktion im Experiment b) kann folgende Reaktionsgleichung geschrieben werden:

$$H^+ + OH^- \longrightarrow H_2O$$

– Interpretieren Sie die Reaktionsgleichung teilchenmäßig.

– Erklären Sie eine Farbänderung, die im Experiment b) beobachtet wurde. Gehen Sie dabei auf die Teilchenveränderung ein.     9

1.2 Die chemische Reaktion im Experiment b) ist eine Neutralisation.

– Erläutern Sie zwei Bedeutungen dieser chemischen Reaktion in der Praxis.

– Warum darf bei einer Hautverätzung Natriumhydroxidlösung nicht als Mittel der Neutralisation verwendet werden?     5

1.3 Die verwendete Natriumhydroxidlösung enthält Natrium-Ionen.

– Notieren Sie die Formel von zwei weiteren Stoffen, die Natrium-Ionen enthalten.

– Vergleichen Sie den Bau von Natriumatom und Natrium-Ion, indem Sie eine Gemeinsamkeit und drei Unterschiede nennen.

– Begründen Sie die elektrische Ladung des Natrium-Ions mit der Stellung des Elements Natrium im Periodensystem.     7

1.4 Säurelösungen reagieren mit verschiedenen Stoffen.

– Entwickeln Sie die Reaktionsgleichung für die chemische Reaktion von Magnesiumoxid mit Salzsäure.

Reagieren Säurelösungen mit Alkoholen, entstehen als Reaktionsprodukte Ester.

– Erläutern Sie die Bedeutung der Ester an einem Beispiel.     $\dfrac{4}{25}$

# Lösungen

**1.1** *In den Demonstrationsexperimenten ist in beiden Fällen ein deutlicher Farbumschlag zu beobachten. (a) Rotfärbung; b) Grünfärbung). Machen Sie zwei Vorschläge (Name und Formel) für die möglicherweise eingesetzte Verbindung.*
*Die Interpretation verlangt eine wörtliche Deutung der Teilchen der Ausgangsstoffe, die zu Teilchen der Reaktionsprodukte reagieren.*

**Demonstrationsexperimente**

– Beobachtung:
   Experiment a): Rotfärbung der Universalindikator-Lösung
   Experiment b): Farbumschlag der Universalindikatorlösung von Rot nach Grün

– Einsatz von Schwefelsäure $H_2SO_4$, Chlorwasserstoffsäure (Salzsäure) HCl
   *Alternativen: Essigsäure $CH_3-COOH$, Salpetersäure $HNO_3$ oder schweflige Säure $H_2SO_3$.*

– Durch Zugabe von Natriumhydroxidlösung steigt der pH-Wert.

– Wasserstoff-Ionen + Hydroxid-Ionen $\longrightarrow$ Wasser-Moleküle

– Die Wasserstoff-Ionen aus der Säure vereinigen sich mit den Hydroxid-Ionen aus dem Natriumhydroxid zu neutralen Wasser-Molekülen. Dadurch steigt der pH-Wert, da weniger Wasserstoff-Ionen vorhanden sind. Dies ist an dem Farbumschlag des Universalindikators erkennbar.

**1.2** *Hier soll an zwei Beispielen zusammenhängend eine praktische Anwendung der Neutralisationsreaktion dargestellt werden.*

– Auf **sauren Waldböden** können Nadelgehölze nicht gut wachsen. Durch Zugabe von Kalk steigt der pH-Wert des Bodens, da die enthaltenen Säuren neutralisiert werden.
   **Abwässer** können ebenfalls Säuren enthalten. Durch ihre Neutralisation können Umweltschäden in Gewässern verhindert werden.
   *Alternative: **Sodbrennen** wird durch Magensäure (Salzsäure) verursacht. Ihre Neutralisation erfolgt mit Medikamenten, die Magnesium- oder Aluminiumhydroxid enthalten.*

– Natriumhydroxidlösung ist eine ätzende Gefahrstofflösung. Da eine Überdosierung nicht auszuschließen ist, würde diese erneut zur Verätzung der Haut führen.

**1.3** *Es sollen zwei Natriumverbindungen (nur Formeln) notiert werden.*
*Der Vergleich von Natriumatomen und Natrium-Ionen lässt sich gut in einer Tabelle darstellen. Gehen Sie auf den Atombau ein und vergleichen Sie die Anzahl der Protonen, Elektronen, Außenelektronen und der besetzten Schalen.*

– NaCl, $Na_2SO_4$,
   *Alternativen: $NaNO_3$, $Na_2CO_3$, NaBr, NaI oder $Na_3PO_4$*

| – **Teilchen** | Natriumatom | Natrium-Ion |
|---|---|---|
| **Gemeinsamkeit** | 11 Protonen im Kern | 11 Protonen im Kern |
| **Unterschiede** | 11 Elektronen in der Hülle | 10 Elektronen in der Hülle |
| | 1 Außenelektron | 8 Außenelektronen |
| | 3 besetzte Schalen | 2 besetzte Schalen |

- Das Element Natrium steht in der I. Hauptgruppe. Das Natriumatom besitzt also ein Außenelektron, welches es abgeben kann. Das Natrium-Ion ist einfach positiv elektrisch geladen und hat das chemische Zeichen $Na^+$.

1.4 *Achten Sie beim Erstellen der Reaktionsgleichung auf das Ausgleichen! Das gebildete Salz aus Metalloxid und der Salzsäure heißt allgemein Metallchlorid.*
*Im zweiten Teil der Aufgabe soll ein Beispiel erläutert werden, in dem Ester im Alltag eine Rolle spielen.*

- $MgO + 2\,HCl \longrightarrow H_2O + MgCl_2$

- Ester werden als **Duftstoffe** eingesetzt, um einem Parfüm oder Rasierwasser eine besondere Note zu geben.

  *Alternativen: Auch **Fette** sind Ester und dienen als Energielieferanten oder Schutz vor Wärmeverlust bzw. Druck und Stoß auf Organe.*

  **Phosphorsäureester** *haben ebenfalls eine große Bedeutung. Sie dienen dem Menschen als Weichmacher, Lösungsmittel oder Insektizide.*

BE

2.1 Aus Calciumcarbonat können Felsen und ganze Gebirge bestehen, aber auch die Gehäuse von Muscheln und Schnecken. Der Stoff wird beim Bauen von Häusern ebenso benötigt wie beim Düngen von Feldern.

– Notieren Sie die Namen von zwei Erscheinungsformen des Stoffes Calciumcarbonat in der Natur.

– Entwickeln Sie einen „Steckbrief" für Calciumcarbonat, indem Sie die Formel des Stoffes und fünf weitere Aussagen zu seiner Kennzeichnung notieren. Nutzen Sie dazu auch die Tabellen- und Formelsammlung.    4

2.2 **Experimente:**

Finden Sie Calciumcarbonat und Salzsäure aus vier vorgegebenen Stoffproben heraus, ohne weitere Chemikalien zu verwenden.

Sie erhalten zwei weiße, feste Stoffe in mit A und B gekennzeichneten Reagenzgläsern. Nur bei einem von ihnen handelt es sich um ein Carbonat.

Weiterhin erhalten Sie zwei farblose Flüssigkeiten in mit C und D gekennzeichneten Reagenzgläsern. Nur eine der Flüssigkeiten ist eine Säure.

– Planen Sie Ihr experimentelles Vorgehen, um die beiden Stoffe herauszufinden. legen Sie diesen Plan dem Lehrer vor.

– Führen Sie die Experimente durch und notieren Sie Ihre Beobachtungen.

– Entscheiden Sie, welches der Gefäße jeweils Calciumcarbonat bzw. Salzsäure enthielt.    6

2.3 Beim Experiment entsteht unter anderem ein gasförmiges Reaktionsprodukt.

– Geben Sie Name und Formel des Gases an.

– Notieren Sie für den Nachweis dieses Gases ein Nachweismittel und die zu erwartende Beobachtung.    3

2.4 Um Mörtel und andere Baustoffe herzustellen, wird in der Natur vorkommendes Calciumcarbonat im Schachtofen zu Branntkalk (Calciumoxid) gebrannt.

$$CaCO_3 \longrightarrow CaO + CO_2$$

– Berechnen Sie die Masse an Branntkalk, die aus 5 t des Rohstoffes zu gewinnen ist.    4

2.5 Aus dem Metall Calcium und dem Nichtmetall Kohlenstoff könnten Sie durch chemische Reaktionen die Verbindung Calciumcarbonat herstellen.

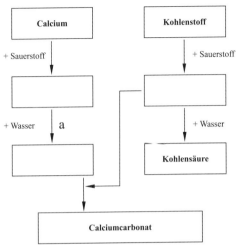

- Übernehmen Sie die schematische Darstellung in Ihre Arbeit und vervollständigen Sie diese durch die Namen der jeweils gebildeten Stoffe.
- Entwickeln Sie die Reaktionsgleichung für die mit „a" gekennzeichnete chemische Reaktion.

5

2.6 Calciumcarbonat kann Schäden an Wasserarmaturen, Heizkesseln und Waschmaschinen verursachen.

- Begründen Sie diese Aussage.
- Warum werden zum Putzen von Waschbecken, Fliesen und Armaturen Reiniger mit sauren Eigenschaften verwendet?

$\dfrac{3}{25}$

**Lösungen**

2.1 *Es sind zwei Erscheinungsformen von Calciumcarbonat in der Natur zu nennen bzw. zu notieren.*

*Im Steckbrief sollen die Formel und fünf weitere Aussagen zu diesem Stoff auch unter Nutzung der Tabellen- und Formelsammlung (kurz Tafelwerk) genannt werden. Das Tafelwerk macht z. B. Angaben zu den Eigenschaften molare Masse, Aggregatszustand bei 25°C, Dichte, Schmelztemperatur und Wasserlöslichkeit.*

– Kalkstein, Kreide

 *Alternative: Marmor*

– Steckbrief: Formel $CaCO_3$, chemische Verbindung aus den Elementen Calcium, Kohlenstoff und Sauerstoff zusammengesetzt; weißer, fester, schwer in Wasser löslicher Stoff, Dichte 2,93 g · $cm^{-3}$, zersetzt sich thermisch ab 825 °C

2.2 *Calciumcarbonat zeigt eine gut zu beobachtende, charakteristische Reaktion mit Salzsäure. Die Planung des Experiments sollte vollständig sein und alle Arbeitsschritte enthalten.*

– **Planung des Experiments**
 Aufteilen der beiden Festsubstanzen A und B,
 $A_1$ mit C und $A_2$ mit D versetzen,
 $B_1$ mit C und $B_2$ mit D versetzen.

– **Beobachtungen**
 A bildet mit C und D weiße Aufschlämmungen.
 B schäumt bei Zugabe von C auf und bildet mit D eine weiße Aufschlämmung.

– **Lösung**
 B enthält Calciumcarbonat, C enthält Salzsäure.

2.3 – Kohlenstoffdioxid mit der Formel $CO_2$

– Kalkwasser (Calciumhydroxid-Lösung) als Nachweismittel, Entstehung eines weißen Niederschlags

 *Alternative: Barytwasser (Bariumhydroxid-Lösung) als Nachweismittel; Entstehung eines weißen Niederschlags*

2.4 *Der Ansatz für diese Aufgabe ist folgender:*
 – *Aus der Reaktionsgleichung kann man die Stoffmengen von Calciumcarbonat und Branntkalk entnehmen.*
 – *Die molaren Massen dieser Verbindungen müssen aus dem Tafelwerk entnommen werden.*
 – *Die Masse an Calciumcarbonat ist gegeben.*
 – *Mit der Größengleichung, die das Massenverhältnis $m(CaO) : m(CaCO_3)$ laut Reaktionsgleichung angibt, kann die Masse von Branntkalk berechnet werden.*

– **Berechnung**
 Reaktionsgleichung: $CaCO_3 \longrightarrow CaO + CO_2$

 gesucht: $m_1$ (Branntkalk)

 gegeben: $m_2$ (Calciumcarbonat) = 5 t
 $n_1 = 1$ mol $\quad M_1 = 56$ g · $mol^{-1}$
 $n_2 = 1$ mol $\quad M_2 = 100$g · $mol^{-1}$

– **Lösung**

$m_1 : m_2 = n_1 \cdot M_1 : n_2 \cdot M_2$

*Nach $m_1$ auflösen und einsetzen:*

$$m_1 = \frac{n_1 \cdot M_1 \cdot m_2}{n_2 \cdot M_2}$$

$$m_1 = \frac{1 \, \text{mol} \cdot 56 \, \text{g} \cdot \text{mol}^{-1} \cdot 5 \, \text{t}}{1 \, \text{mol} \cdot 100 \, \text{g} \cdot \text{mol}^{-1}}$$

$$m_1 = \underline{2{,}8 \, \text{t}}$$

Aus 5 t Calciumcarbonat entstehen 2,8 t Branntkalk.

*Alternativer Rechenweg:*

*1 Textanalyse:*

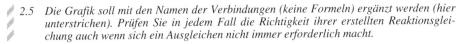

*2 Ermittlung der entsprechenden Massen laut Gleichung:*

$CaCO_3$: *1 mol · 100 g · mol$^{-1}$ $\underline{= 100}$ g*

$CaO$: *1 mol · 56 g · mol$^{-1}$ $\underline{= 56}$ g*

*3 Aufstellen der Verhältnisgleichung:*

$$\frac{5\,t}{100\,g} = \frac{m}{56\,g} \quad \text{(Chemisches Zeichen als Bruchstrich gedacht)}$$

*oder* $\quad \dfrac{m}{5\,t} = \dfrac{56\,g}{100\,g}$

*4 Lösung und Ergebnis:* $\quad m = \dfrac{56\,g \cdot 5\,t}{100\,g} \qquad \underline{\underline{m = 2{,}8\,t}}$

*5 Antwortsatz: Aus 5 t Calciumcarbonat entstehen 2,8 t Calciumoxid.*

2.5  *Die Grafik soll mit den Namen der Verbindungen (keine Formeln) ergänzt werden (hier unterstrichen). Prüfen Sie in jedem Fall die Richtigkeit ihrer erstellten Reaktionsgleichung auch wenn sich ein Ausgleichen nicht immer erforderlich macht.*

- vervollständigte schematische Darstellung:

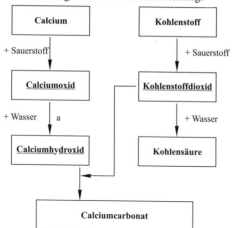

- Reaktionsgleichung **a**: $CaO + H_2O \longrightarrow Ca(OH)_2$

2.6 *Hier geht es um die Ursachen bzw. Gründe für Schäden an den Haushaltsgeräten. Bindewörter wie weil, dadurch, da helfen bei der Formulierung entsprechender Sätze. Eine Begründung wird auch in der folgenden W-Frage verlangt.*

- Calciumcarbonat bildet Kalkablagerungen, weil diese zu Verstopfungen der Rohrleitungen oder schlechter Wärmeübertragung führen.

- Saure Reiniger eignen sich deshalb zum Putzen, weil sie die Kalkablagerungen auflösen.

BE

3.1 Stoffe können in Reinstoffe und Stoffgemische eingeteilt werden.

– Ordnen Sie folgende Beispiele den Reinstoffen bzw. Stoffgemischen zu: Traubenzucker, Messing, Luft, Blei, Mineralwasser, Natriumchlorid

Erdöl, Abwasser und Gartenabfälle sind Stoffgemische, die aus wirtschaftlichen Gründen aufbereitet werden.

– Erläutern Sie für eines der genannten Stoffgemische die Notwendigkeit der Aufbereitung.

– Nennen Sie für zwei der genannten Stoffgemische je ein mögliches Trennverfahren und begründen Sie dieses mit den Eigenschaften der Bestandteile.          8

3.2 Magnesium gehört zu den Reinstoffen.

– Notieren Sie für den Stoff Magnesium sechs Eigenschaften.

– Begründen Sie mithilfe der Eigenschaften eine Verwendungsmöglichkeit von Magnesium.

Magnesium kann mit Wasser reagieren.

– Entwickeln Sie für diese chemische Reaktion die Reaktionsgleichung.

– Geben Sie zwei weitere Stoffe an, die ebenfalls mit Magnesium reagieren.          6

3.3 **Experiment:**

Sie erhalten ein Stoffgemisch aus Natriumchlorid und Schwefel. Trennen Sie dieses Stoffgemisch, so dass beide Reinstoffe nach der Trennung vorliegen.

– Entwickeln Sie einen Plan zur Trennung des Stoffgemisches, indem Sie folgende Tabelle in Ihre Arbeit übernehmen und ausfüllen.

| | **Arbeitsschritt** | **zu erwartendes Ergebnis** |
|---|---|---|
| 1 | | |
| 2 | | |
| 3 | | |

– Legen Sie Ihren Plan dem Lehrer vor und führen Sie das Experiment durch. Überprüfen Sie mithilfe des Experiments die von Ihnen erwarteten Ergebnisse und ergänzen oder korrigieren Sie gegebenenfalls Ihre Tabelle.          7

3.4 Natriumchlorid ist in der chemischen Industrie Ausgangsstoff für die Gewinnung von Chlor.

– Berechnen Sie die Masse an Natriumchlorid, die zur Gewinnung von 2 000 Liter Chlor benötigt werden.

$$2\,NaCl \longrightarrow 2\,Na + Cl_2$$          $\dfrac{4}{25}$

# Lösungen

**3.1** *Zur Zuordnung der einzelnen Stoffe eignet sich besonders gut eine Tabelle. An einem der genannten Stoffgemische (Erdöl, Abwasser oder Gartenabfall) soll erläutert werden, warum eine Aufarbeitung wichtig ist. Anschließend soll für zwei der genannten Stoffgemische unter Berücksichtigung der Eigenschaften der Bestandteile das gewählte Trennverfahren begründet werden.*

– 

| Reinstoffe | Stoffgemische |
|---|---|
| Traubenzucker, Blei und Natriumchlorid | Messing, Luft und Mineralwasser |

– Aufbereitung
  **Erdöl** wird aufbereitet, um daraus Benzine, Heiz- und Schmieröle herzustellen.
  *Alternativen:*
  *Abwasser wird aufbereitet, um Umweltschäden zu vermeiden.*
  *Gartenabfälle werden aufbereitet, um evtl. eine Kompostierung bestimmter Abfälle zu ermöglichen.*

– Trennverfahren
  **Erdöl:** Die fraktionierte Destillation wird eingesetzt. Zur Herstellung von Erdöl werden die unterschiedlichen Siedetemperaturen der Kohlenwasserstoffe ausgenutzt.
  **Abwasser:** Z. B. wird die mechanische Reinigung eingesetzt.
  Siebe entfernen Gegenstände unterschiedlicher Größe aus dem Abwasser, die für die weitere Reinigung hinderlich sind.
  *Alternative:*
  *Gartenabfälle: Bei Gartenarbeiten können Abfälle auftreten. Kompostierbare Abfälle sollten ausgelesen werden.*

**3.2** *Beim Notieren von Eigenschaften des Magnesiums sollte auch das Tafelwerk mit benutzt werden. Ausgehend von einer der genannten Eigenschaften ist eine Anwendung zu begründen.*

– silberglänzendes Metall, leitet den elektrischen Strom und Wärme, schmilzt bei 650 °C, Dichte 1,74 g/cm$^3$

– Unterwasserfackel, weil auch unter Wasser brennbar (oxidierbar)
  *Alternativen:*
  *Leichtmetall, deshalb Einsatz in der Fahrzeugindustrie, um die Masse des Fahrzeugs zu verringern.*
  *Opferanode, um z. B. ein Rosten von Lötstellen in Wasserboilern zu verhindern.*

– $Mg + H_2O \longrightarrow H_2 + MgO$

– Sauerstoff und verdünnte Essigsäure
  *Alternativen: Chlor, Salzsäure, Schwefelsäure*

**3.3** *Bei Reagenzglasversuchen ist zu beachten, dass das Wasservolumen höchstens 1/3 des Volumens des Reagenzglases entspricht. Bei Schritt 3 nur eine sehr geringe Menge nehmen, um die Dauer des Eindampfens zu verkürzen.*

- Experiment

| | Arbeitsschritt | zu erwartendes Ergebnis |
|---|---|---|
| 1 | Stoffgemisch mit Wasser versetzen | Natriumchlorid geht in Lösung, Schwefel dagegen nicht. |
| 2 | Filtrieren | Schwefel bleibt als Filterrückstand zurück. |
| 3 | Eindampfen des Filtrats | Es entsteht ein feinkristalliner Salzrückstand. |

- Vorlage des Plans beim Lehrer;
  Bestätigung der zu erwartenden Ergebnisse durch das Experiment

3.4 *Der Ansatz für diese Aufgabe ist folgender:*
- *Aus der Reaktionsgleichung kann man die Stoffmengen von Natriumchlorid und Chlor entnehmen.*
- *Die molare Masse von Natriumchlorid ist dem Tafelwerk zu entnehmen. Das molare Volumen von Chlor beträgt 22,4 L · mol⁻¹.*
- *Das Volumen an produziertem Chlor ist gegeben.*
- *Mit der Größengleichung, die das Masse-Volumenverhältnis zwischen Natriumchlorid und Chlor laut Reaktionsgleichung angibt, kann die Masse an Natriumchlorid berechnet werden.*

- **Berechnung**
  *Reaktionsgleichung:* $2\,NaCl \longrightarrow 2\,Na + Cl_2$
  *gesucht:* $m_1$ (Natriumchlorid)
  *gegeben:* $V_2$ (Chlor) = 2 000 L
  $n_1 = 2$ mol
  $n_2 = 1$ mol
  $M_1 = 58{,}5$ g · mol⁻¹
  $V_m = 22{,}4$ L · mol⁻¹

- **Lösung**
  $m_1 : V_2 = n_1 \cdot M_1 : n_2 \cdot V_m$
  *Einsetzen/Umformen:*

  $$m_1 = \frac{n_1 \cdot M_1}{n_2 \cdot V_m} \cdot V_2$$

  $$m_1 = \frac{2\,\text{mol} \cdot 58{,}5\,\text{g} \cdot \text{mol}^{-1}}{1\,\text{mol} \cdot 22{,}4\,\text{L} \cdot \text{mol}^{-1}} \cdot 2\,000\,\text{L}$$

  $$\underline{\underline{m_1 = 10\,446\,\text{g}}} \text{ (gerundet)}$$

  Um 2 000 L Chlor herzustellen, benötigt man 10 446 g Natriumchlorid.

*Alternativer Rechenweg:*

$$\boxed{m} \qquad\qquad\qquad \boxed{2000\,L}$$

$$2\,NaCl \xrightarrow{\hspace{2cm}} 2\,Na \; + \; Cl_2$$

$$2\,mol \cdot 58,5\,g \cdot mol^{-1} \qquad\qquad 1\,mol \cdot 22,4\,L \cdot mol^{-1}$$

$$\boxed{117\,g} \qquad\qquad\qquad \boxed{22,4\,L}$$

$$\frac{m}{2000\,L} = \frac{117\,g}{22,4\,L} \quad\Big| \cdot 2000\,L$$

$$m = \frac{117\,g \cdot 2000\,L}{22,4\,L}$$

$$\underline{\underline{m = 10\,446\,g}}$$

BE

**4.1 Experimente:**

Untersuchen Sie zwei chemische Reaktionen hinsichtlich energetischer Erscheinungen, indem Sie Temperaturänderungen feststellen.

a) Lösen Sie das vorliegende Salz in etwa 10 mL Wasser.

b) Geben Sie zu verdünnter Schwefelsäure einen Magnesiumspan.

   – Notieren Sie, wie Sie die Temperaturänderung feststellen wollen.

   – Führen Sie die Experimente durch und notieren Sie Ihre Beobachtungen.

   – Werten Sie Ihre Beobachtungen aus und ordnen Sie die beiden chemischen Reaktionen den endothermen bzw. exothermen Reaktionen zu.

   – Entwickeln Sie für die chemische Reaktion von Experiment b) die Reaktionsgleichung.

8

4.2 Den energetischen Verlauf einer chemischen Reaktion zeigt die nebenstehende Abbildung:

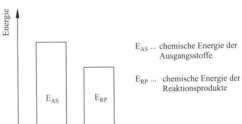

$E_{AS}$ ... chemische Energie der Ausgangsstoffe

$E_{RP}$ ... chemische Energie der Reaktionsprodukte

   – Geben Sie an, welche chemische Reaktion aus den durchgeführten Experimenten der Abbildung entspricht.

   – Erläutern Sie die Abbildung und stellen Sie einen Bezug zu Ihrer Beobachtung her.

3

4.3 Chemische Reaktionen dienen häufig der Energiebereitstellung. Der Energiebedarf wird in Deutschland zum größten Teil durch fossile Brennstoffe gedeckt.

   – Erläutern Sie zwei Probleme bei der Nutzung solcher Brennstoffe.

   – Geben Sie zwei Möglichkeiten der Energiegewinnung an, die nicht an fossile Brennstoffe gebunden sind.

6

4.4 Methan wird häufig als Heizgas verwendet.

   – Nennen Sie zwei natürliche Vorkommen von Methan.

   – Berechnen Sie das Volumen an Kohlenstoffdioxid, das bei der Verbrennung von 1 000 g Methan entsteht.

$$CH_4 + 2 O_2 \longrightarrow CO_2 + 2 H_2O$$

   – Nennen Sie die Stoffgruppe der Kohlenwasserstoffe, zu der Methan gehört.

   – Geben Sie Name und Strukturformel von zwei weiteren Vertretern dieser Stoffgruppe an.

$\dfrac{8}{25}$

**Lösungen**

4.1  Experimente:

*Für das Experiment a sollte das ganze zur Verfügung stehende Salz in 10 ml Wasser gegeben werden. Bei der Reaktion von Schwefelsäure mit einem unedlen Metall entsteht neben Wasserstoff immer eine Metallsulfat-Lösung.*

– Feststellen der Temperaturänderung durch ein Thermometer *oder Fühlen*

– Beobachtungen a): Temperatur sinkt, *Reagenzglas fühlt sich kalt an*
  Beobachtungen b): Temperatur steigt, *Reagenzglas fühlt sich warm an*

– Experiment a: endotherme Reaktion, weil Wärme der Umgebung (vom Wasser oder Reagenzglas) entzogen wird (Wärmeverbrauch)
  Experiment b: exotherme Reaktion, weil Wärme an die Umgebung abgegeben wird (Wärmeabgabe)

– $Mg + H_2SO_4 \longrightarrow H_2 + MgSO_4$

4.2  *Die Abbildung zeigt schematisch die chemische Energie der Ausgangstoffe und der Reaktionsprodukte. Nach Beantwortung der Aufgabe 1 lässt sich die Abbildung auch einem Experiment zuordnen.*
*Sie sollen zusammenhängend erläutern, welchen energetischen Verlauf die Abbildung darstellt und einen Bezug zum Experiment herstellen.*

– Experiment b) entspricht der Abbildung.

– In dem Säulendiagramm ist $E_{AS} > E_{AR}$. Es ist der energetische Verlauf einer exothermen Reaktion dargestellt. Bei einer exothermen Reaktion wird ein Teil der chemischen Energie der Ausgangsstoffe in Wärme umgewandelt, die in die Umwelt entweicht. Der Vorrat an chemischer Energie der Reaktionsprodukte muss also kleiner sein, was der verkürzten Säule im Diagramm entspricht. Da man im Experiment b einen Temperaturanstieg am Thermometer verfolgen bzw. eine Erwärmung des Reagenzglasinhalts fühlen konnte, entwich Wärme an die Umwelt. Daher könnte die Säule $E_{AS}$ Magnesium und Schwefelsäure und die Säule $E_{RP}$ Wasserstoff und Magnesiumsulfat zugeordnet werden.

4.3  *Zwei Probleme bei der Nutzung fossiler Brennstoffe (z. B Braunkohle, Erdöl oder Erdgas) sollen erläutert werden.*
*Zwei Möglichkeiten zur Energiegewinnung, die nicht an fossile Brennstoffe gebunden sind, müssen aufgeführt werden.*

– Die Verbrennung von Braunkohle führt zur Bildung von Kohlenstoffdioxid und zur Förderung des Treibhauseffekts.
  Es wird ebenfalls Schwefeldioxid gebildet, das zur Entstehung von saurem Regen führt Der saure Regen schädigt Nadeln und Blätter der Bäume.
  *Alternative:*
  *Die Braunkohle ist ein fossiler Brennstoff und die Vorräte sind eines Tages aufgebraucht. Daher sollten Wärmekraftwerke einen sehr hohen Wirkungsgrad besitzen und den modernsten Stand der Technik aufweisen.*

– Energiegewinnung möglich durch:
  Windkraftwerke, Wasserkraftwerke,
  *Alternativen: Solarenergie oder nachwachsende Rohstoffe nutzen*

4.4 *Der Ansatz für die Rechenaufgabe ist folgender:*
   – *Aus der Reaktionsgleichung kann man die Stoffmengen von Methan und Kohlenstoff-dioxid entnehmen.*
   – *Die molare Masse von Methan ist dem Tafelwerk zu entnehmen. Das molare Volumen für Kohlenstoffdioxid beträgt 22,4 L·mol$^{-1}$. Die Masse an Methan ist gegeben.*
   – *Mit der Größengleichung, die das Volumen-Masseverhältnis zwischen Kohlenstoff-dioxid und Methan laut Reaktionsgleichung angibt, kann das Volumen von Kohlenstoffdioxid bestimmt werden.*

   – Bestandteil von Erd- und Sumpfgas,
   *Alternativen: Grubengas, Biogas*

   – **Berechnung:**

   *Reaktionsgleichung:* $CH_4 + 2 O_2 \longrightarrow CO_2 + 2 H_2O$

   *gesucht:* $V_1$ (Kohlenstoffdioxid)

   *gegeben:* $m_2$ (Methan) = 1 000 g
   $\quad\quad\quad n_1 = 1$ mol
   $\quad\quad\quad V_m = 22{,}4$ L · mol$^{-1}$
   $\quad\quad\quad n_2 = 1$ mol
   $\quad\quad\quad M_2 = 16$ g · mol$^{-1}$

   – **Lösung:**

   $V_1 : m_2 = n_1 \cdot V_m : n_2 \cdot M_2$

   *Einsetzen/Umformen:*

   $$V_1 = \frac{n_1 \cdot V_m}{n_2 \cdot M_2} \cdot m_2$$

   $$V_1 = \frac{1\,\text{mol} \cdot 22{,}4\,\text{L} \cdot \text{mol}^{-1}}{1\,\text{mol} \cdot 16\,\text{g} \cdot \text{mol}^{-1}} \cdot 1000\,\text{g}$$

   $$\underline{\underline{V_1 = 1\,400\,\text{L}}}$$

   Bei der Verbrennung von 1 000 g Methan entstehen 1 400 L Kohlenstoffdioxid.

   *Alternativer Rechenweg:*

   $\boxed{1000\ g}$ $\quad\quad\quad\quad\quad \boxed{V}$
   $CH_4 + 2\,O_2 \longrightarrow CO_2 + 2\,H_2O$
   $1\ mol \cdot 16\ g \cdot mol^{-1}$ $\quad\quad 1\ mol \cdot 22{,}4\ L \cdot mol^{-1}$
   $\boxed{16\ g}$ $\quad\quad\quad\quad\quad \boxed{22{,}4\ L}$

   $$\frac{V}{1000\ g} = \frac{22{,}4\ L}{16\ g} \quad \Big| \cdot 1000\ g$$

   $$V = \frac{22{,}4\ L \cdot 1000\ g}{16\ g}$$

   $$\underline{\underline{V = 1400\ L}}$$

   – Methan: Stoffklasse der gesättigten, kettenförmigen Kohlenwasserstoffe

| Name | Strukturformel |
|---|---|
| Ethan | H—C(H)(H)—C(H)(H)—H |
| Propan | H—C(H)(H)—C(H)(H)—C(H)(H)—H |

Ethan:

$$\begin{array}{ccc} \text{H} & \text{H} \\ | & | \\ \text{H}-\text{C}-\text{C}-\text{H} \\ | & | \\ \text{H} & \text{H} \end{array}$$

Propan:

$$\begin{array}{ccc} \text{H} & \text{H} & \text{H} \\ | & | & | \\ \text{H}-\text{C}-\text{C}-\text{C}-\text{H} \\ | & | & | \\ \text{H} & \text{H} & \text{H} \end{array}$$

*Alternativen:*

| Butan | |
|---|---|

Butan:

$$\begin{array}{cccc} \text{H} & \text{H} & \text{H} & \text{H} \\ | & | & | & | \\ \text{H}-\text{C}-\text{C}-\text{C}-\text{C}-\text{H} \\ | & | & | & | \\ \text{H} & \text{H} & \text{H} & \text{H} \end{array}$$

*Hexan:*

$$\begin{array}{cccccc} \text{H} & \text{H} & \text{H} & \text{H} & \text{H} & \text{H} \\ | & | & | & | & | & | \\ \text{H}-\text{C}-\text{C}-\text{C}-\text{C}-\text{C}-\text{C}-\text{H} \\ | & | & | & | & | & | \\ \text{H} & \text{H} & \text{H} & \text{H} & \text{H} & \text{H} \end{array}$$

BE

1.1 Ihnen wird folgendes Experiment demonstriert:

In einen Erlenmeyerkolben, in dem sich eine farblose Flüssigkeit befindet, wird mit einem Glasröhrchen Ausatemluft eingeblasen.
- Notieren Sie Ihre Beobachtung.
- Erklären Sie die beobachtete Erscheinung.

Bei dieser chemischen Reaktion entstehen ein Carbonat und Wasser.
- Entwickeln Sie die Reaktionsgleichung.
- Nennen Sie die Eigenschaft des Carbonats, die den Nachweis ermöglicht.　　6

1.2 – Zeichnen Sie ein Modell eines Kohlenstoffatoms.
- Vergleichen Sie den Bau des Kohlenstoffatoms mit dem eines Siliciumatoms. Geben Sie dabei eine Gemeinsamkeit und zwei Unterschiede an.　　5

1.3 Reiner Kohlenstoff kommt in der Natur als Graphit und Diamant vor.
- Unterscheiden Sie diese Erscheinungsformen des Kohlenstoffs, indem Sie je zwei Eigenschaften gegenüberstellen.
- Begründen Sie je eine Eigenschaft von Graphit und Diamant mit Aussagen über den Bau der Stoffe.
- Notieren Sie eine Verwendungsmöglichkeit für jeden dieser Stoffe.　　6

1.4 Die Verbrennung kohlenstoffhaltiger Verbindungen wie Methan ist eine chemische Reaktion von großer wirtschaftlicher Bedeutung.
- Geben Sie den praktischen Nutzen dieser chemischen Reaktion an.
- Erläutern Sie an diesem Beispiel ein Merkmal chemischer Reaktionen.
- Notieren Sie zwei weitere Merkmale chemischer Reaktionen.　　4

1.5 Nachfolgende chemische Verbindungen enthalten alle das Element Kohlenstoff: Kohlensäure, Ethen, Glucose, Citronensäure, Calciumcarbonat.
- Wählen Sie drei chemische Verbindungen aus. Geben Sie in einer Tabelle deren Name, Formel und je eine Verwendungsmöglichkeit an.　　<u>4</u>

25

# Lösungen

**1.1** *Im Demonstrationsexperiment wird in eine farblose Flüssigkeit (Nachweismittel) mittels eines Glasröhrchens Ausatemluft geblasen.*

- **Beobachtung:**
  Die farblose Flüssigkeit trübt sich. Nach einiger Zeit setzt sich ein weißer Niederschlag ab.

- **Erklären der Beobachtung:**
  Der Nachweis von Kohlenstoffdioxid in der Ausatemluft mit Kalkwasser/Barytwasser wurde demonstriert. Das gasförmige und farblose (unsichtbare) Kohlenstoffdioxid wird zu einem weißen, sichtbaren Niederschlag umgewandelt.

- **Reaktionsgleichung:**
  $$Ca(OH)_2 + CO_2 \longrightarrow CaCO_3 + H_2O$$
  *Alternative:* $Ba(OH)_2 + CO_2 \longrightarrow BaCO_3 + H_2O$

- **Eigenschaft:**
  Das Carbonat ist schwer löslich.
  *Alternative: fester Aggregatzustand!*

**1.2** *Hier geht es um den Atombau des Kohlenstoff- und Siliciumatoms.*

- **Atommodell des Kohlenstoffatoms:**

  *Alternative:*

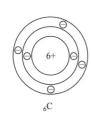 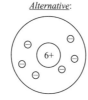

$_6$C

- **Vergleich:**
  Gemeinsamkeiten: Beide Atome haben vier Außenelektronen (IV. Hauptgruppe)
  Unterschiede:

| Atomart | C-Atom | Si-Atom |
|---|---|---|
| Schalenzahl | 2 (2. Periode) | 3 (3. Periode) |
| Protonenzahl | 6 (Ordnungszahl) | 14 (Ordnungszahl |
| *Alternative:* Elektronenzahl | *6 (Ordnungszahl)* | *14 (Ordnungszahl)* |

**1.3** *Graphit und Diamant sind Erscheinungsformen des Elements Kohlenstoff. Es sind Betrachtungen zum Bau, den Eigenschaften und der Verwendung dieser Stoffe anzustellen.*

- Graphit ist relativ weich und Diamant ein sehr harter Naturstoff.
  Graphit leitet den Strom und Diamant leitet keinen elektrischen Strom.
  *Alternative: Graphit ist ein schwarzer, fester Stoff und Diamant ein durchsichtiger, glänzender Stoff.*

– **Zusammenhang zwischen Bau und Eigenschaften**

| Erscheinungsform | Graphit ist relativ… | Diamant ist… |
|---|---|---|
| Eigenschaft | weich, weil… | sehr hart, weil… |
| Bau | … ein C-Atom nur drei weitere C-Atome durch Atombindungen bindet. | … ein C-Atom vier weitere C-Atome durch Atombindungen bindet. |
| *Alternative Erklärung:* | *…die C-Atome in einer Ebene (schichtartig) angeordnet sind.* | *…die C-Atome räumlich (tetraederförmig) angeordnet sind.* |
| *Alternative: Erscheinungsform* | *Graphit ist…* | *Diamant ist…* |
| *Eigenschaft* | *…stromleitfähig, weil…* | *…nicht stromleitfähig, weil…* |
| *Bau* | *…ein C-Atom nur drei weitere C-Atome durch Atombindungen bindet. Deshalb bleibt pro C-Atom ein frei bewegliches Außenelektron übrig.* | *…ein C-Atom vier weitere C-Atome durch Atombindungen bindet. Deshalb bleibt pro C-Atom kein frei bewegliches Außenelektron übrig.* |

– **Verwendung**

| Erscheinungsform | Graphit | Diamant |
|---|---|---|
| Verwendung | Bleistiftminen | Besatz von Bohrkronen und Trennscheiben |
| *Alternative: Verwendung* | *Elektroden* | *Schmuck* |

1.4 *Die Verbrennung von Methan besitzt große wirtschaftliche Bedeutung. Die Merkmale chemischer Reaktionen kommen zur Anwendung.*

– **Nutzen dieser chemischen Reaktion:**
Methan ist im Erdgas der Hauptbestandteil und deshalb ein wichtiger Energieträger.

– **Merkmal einer chemischen Reaktion an diesem Beispiel erläutern:**
Energieumwandlung: Bei der Verbrennung wird ein Teil der chemischen Energie des Methans in thermische Energie umgewandelt, da diese Reaktion exotherm ist.
*Alternative: Stoffumwandlung*
*Aus den farblosen Gasen Methan (brennbar) und Sauerstoff (unbrennbar, aber brandfördernd) entsteht die farblose Flüssigkeit Wasser und Kohlenstoffdioxid (unbrennbar, erstickend).*

**weitere Merkmale:** Teilchenveränderungen, Bindungsveränderungen

**1.5** *Von drei Verbindungen des Elements Kohlenstoff sollen die Formeln und Verwendungszwecke genannt werden.*

| Name | Formel | Verwendung |
|------|--------|------------|
| Kohlensäure | $H_2CO_3$ | Mineralwasserherstellung |
| Glucose | $C_6H_{12}O_6$ | Nahrungsmittel (Energieträger) |
| Calciumcarbonat | $CaCO_3$ | Baustoff und Düngemittel |

*Alternative:*

| Name | Formel (laut Tafelwerk) | Verwendung |
|------|-------------------------|------------|
| *Ethen* | $CH_2 = CH_2$ | *Herstellung von Alkohol und Polyethylen (Kunststoff)* |
| *Citronensäure* | $\begin{array}{l} CH_2-COOH \\ \mid \\ HO-C-COOH \\ \mid \\ CH_2-COOH \end{array}$ | *Säuerungsmittel für Salate* |

BE

2.1  **Experiment**

In mit A, B und C gekennzeichneten Reagenzgläsern liegen die wässrigen Lösungen folgender Stoffe vor: Silbernitrat, Natriumcarbonat und Kochsalz.

Nur durch Zugabe von verdünnter Salzsäure sollen Sie herausfinden, welche Lösung sich in welchem Reagenzglas befindet.

–  Führen Sie das Experiment durch und notieren Sie Ihre Beobachtungen.
–  Werten Sie die Beobachtungen aus und begründen Sie, in welchem Reagenzglas welcher Stoff gelöst war.
–  Entwickeln Sie für eine der beobachteten chemischen Reaktionen die Reaktionsgleichung.                                                                                    10

2.2  Salze sind aus Ionen aufgebaute Stoffe.

–  Übernehmen und vervollständigen Sie die Tabelle.

| Salz | Natriumchlorid | Kaliumiodid | Natriumbromid |
|---|---|---|---|
| Formel | | | |
| Chemische Zeichen der Ionen | | | |
| Zahlenverhältnis der Ionen | | | |
| Schmelztemperatur in °C | | | |
| Löslichkeit in Wasser in g/100 g Wasser (bei 20 °C) | | | |

–  Geben Sie zwei gemeinsame Eigenschaften der Salze an.                          7

2.3  Beim Einwirken von Salzsäure auf das unedle Metall Magnesium findet eine chemische Reaktion statt.

–  Erläutern Sie die Stoffumwandlung für die abgelaufene chemische Reaktion.
–  Begründen Sie, weshalb die entstandene Lösung den elektrischen Strom leiten würde.                                                                                        4

2.4  Aus Natriumchlorid und Schwefelsäure wird im Labor Chlorwasserstoff dargestellt. Um nur so viel von dem giftigen Gas zu erzeugen, wie tatsächlich für Experimente benötigt wird, ist vorher eine Masseberechnung zweckmäßig.

$$2\,NaCl + H_2SO_4 \longrightarrow Na_2SO_4 + 2\,HCl$$

–  Berechnen Sie die Masse an einzusetzendem Natriumchlorid, um 200 mL Chlorwasserstoff zu erhalten.                                                                    4
                                                                                                    ──
                                                                                                    25

# Lösungen

**2.1** *Im Schülerexperiment sollen Salzlösungen in den mit A, B und C gekennzeichneten Reagenzgläsern identifiziert werden.*

- **Beobachtungen** (angenommene Variante):
  RG A: keine Beobachtung
  RG B: Aufschäumen, Brodeln, Zischen
  RG C: Bildung eines weißen Niederschlags

- **Auswertung:**
  RG A: keine chemische Reaktion, deshalb Kochsalzlösung
  RG B: Gasentwicklung, Nachweis von Carbonat durch Kohlenstoffdioxidbildung, deshalb Natriumcarbonatlösung
  RG C: Nachweis der Silber-Ionen in der Silbernitratlösung durch die Chlorid-Ionen in der Salzsäure

- **Reaktionsgleichungen:** $Ag^+ + Cl^- \longrightarrow AgCl$ oder
  $$AgNO_3 + HCl \longrightarrow AgCl + HNO_3$$
  *Alternative:* $Na_2CO_3 + 2\,HCl \longrightarrow 2\,NaCl + CO_2 + H_2O$

**2.2** *Mit der Übernahme der Tabelle werden verschiedene Daten von Salzen erfasst. Im Vordergrund stehen auch die allgemeinen Eigenschaften der Salze.*

| Salz | Natriumchlorid | Kaliumiodid | Natriumbromid |
|---|---|---|---|
| Formel | NaCl | KI | NaBr |
| Chemische Zeichen der Ionen | $Na^+$ und $Cl^-$ | $K^+$ und $I^-$ | $Na^+$ und $Br^-$ |
| Zahlenverhältnis der Ionen | 1 : 1 | 1 : 1 | 1 : 1 |
| Schmelztemperatur in °C | 800 °C | 682 °C | 747 °C |
| Löslichkeit in Wasser in g/100 g Wasser (bei 20 °C) | 36 g | 144 g | 91 g |

- **zwei gemeinsame Eigenschaften:** weiße, feste Stoffe (bezogen auf Beispiele in der Tabelle)
  *Alternative Eigenschaften: kristalline, spröde Stoffe, relativ hohe Schmelztemperatur, leiten nur in Lösung den Strom*

**2.3** *Das Merkmal Stoffumwandlung ist für die chemische Reaktion von Magnesium mit Salzsäure zu erläutern. Außerdem soll die Stromleitfähigkeit der entstandenen Lösung begründet werden.*

- **Stoffumwandlung:**
  Silberglänzendes Magnesiummetall reagiert (Zischen, Aufschäumen) zu Wasserstoffgas und dem Salz Magnesiumchlorid, welches erst durch Eindampfen der Lösung in fester Form gewonnen werden kann.

- **Elektrische Leitfähigkeit:**
  Die Lösung (von Magnesiumchlorid) leitet deshalb den Strom, weil sie frei bewegliche Magnesium-Ionen und Chlorid-Ionen enthält.
  _Alternative: Die Lösung enthält frei bewegliche Ionen (Metall- und Säurerest-Ionen)._

2.4 _Der Ansatz für die Berechnung ist folgender:_
- _Aus der Reaktionsgleichung kann man die Stoffmengen für Natriumchlorid und Chlorwasserstoff entnehmen._
- _Die molare Masse von Natriumchlorid ist dem Tafelwerk zu entnehmen. Das molare Volumen von HCl beträgt $22,4\ L \cdot mol^{-1}$._
- _Das Volumen des herzustellenden Chlorwasserstoffgases ist gegeben._
- _Mit der Größengleichung, die das Masse-Volumenverhältnis zwischen Natriumchlorid und Chlorwasserstoffgas angibt, kann die Masse an Natriumchlorid ermittelt werden._

_gesucht:_ $m_1$ (Natriumchlorid)

_gegeben:_ $\quad\quad\quad\quad\quad\quad$ $V_2$ (HCl) $= 200$ mL

$\quad\quad n_1 = 2$ mol $\quad\quad n_2 = 2$ mol

$\quad\quad M_1 = 58,5\ g \cdot mol^{-1} \quad V_m = 22,4\ L \cdot mol^{-1}$

_Größengleichung:_ $\dfrac{m_1}{V_2} = \dfrac{n_1 \cdot M_1}{n_2 \cdot V_m}$

_Umformen/Einsetzen:_

$$m_1 = \frac{n_1 \cdot M_1 \cdot V_2}{n_2 \cdot V_m} \qquad m_1 = \frac{2\,mol \cdot 58,8\,g \cdot mol^{-1} \cdot 200\,mL}{2\,mol \cdot 22,4\ L \cdot mol^{-1}}$$

$$m_1 = 0,52\,g\,(gerundet)$$

0,52 g Natriumchlorid werden benötigt, um 200 mL Chlorwasserstoffgas herzustellen.

_Alternativer Rechenweg:_

$$\boxed{m} \qquad\qquad\qquad \boxed{0,2\ L}$$

$$2\,NaCl \ + \ H_2SO_4 \ \longrightarrow \ 2\,HCl \ + \ Na_2SO_4$$

$2\,mol \cdot 58,5\ g \cdot mol^{-1} \qquad\quad 2\,mol \cdot 22,4\ L \cdot mol^{-1}$

$$\boxed{117\ g} \qquad\qquad\qquad \boxed{44,8\ L}$$

$$\frac{m}{117\ g} = \frac{0,2\ L}{44,8\ L} \qquad\Big|\quad \cdot 117\ g$$

$$m = 0,52\ g$$

_0,52 g Natriumchlorid werden benötigt, um 200 mL Chlorwasserstoffgas herzustellen._

BE

3.1 Methansäure (Ameisensäure) und Ethansäure (Essigsäure) sind häufig verwendete Chemikalien.

– Notieren Sie die ausführliche Strukturformel von Methansäure und Ethansäure.

– Kennzeichnen Sie in den Strukturformeln die funktionelle Gruppe und geben Sie den Namen dieser Gruppe an.

– Vergleichen Sie den Bau der Moleküle von Methansäure und Ethansäure, indem Sie zwei Gemeinsamkeiten und einen Unterschied nennen.

Beide Säuren können Bestandteil von Reinigungsmitteln sein.

– Erläutern Sie die Wirkung dieser Säuren an einem Beispiel.

– Geben Sie zwei Maßnahmen für den sachgerechten Umgang mit säurehaltigen Reinigungsmitteln an.

11

3.2 **Experiment:**

Untersuchen Sie chemische Eigenschaften von Ethansäure und Salzsäure.

Tropfen Sie in je eine Probe von Ethansäure und Salzsäure Universalindikatorlösung (Unitestlösung).

– Notieren Sie Ihre Beobachtungen und geben Sie Name und chemisches Zeichen der nachgewiesenen Teilchen an.

– Geben Sie zu je einer weiteren Probe der Säuren einen Magnesiumspan und vergleichen Sie Ihre Beobachtungen.

– Entwickeln Sie die Reaktionsgleichung für die chemische Reaktion einer der untersuchten Säuren mit Magnesium.

– Geben Sie eine Möglichkeit zum Unterscheiden von Ethansäure und Salzsäure an.

6

3.3 Berechnen Sie die Masse an reinem Natriumhydroxid, die zur Neutralisation einer Lösung, die 10 g Methansäure enthält, eingesetzt werden muss.

$HCOOH + NaOH \longrightarrow HCOONa + H_2O$

4

3.4 Übernehmen Sie die Tabelle. Ordnen Sie die Stoffe mit folgender Formel in die Tabelle ein (Mehrfachnennung beachten!):

$C_2H_6$, $CH_3OH$, $C_2H_5CHO$, $CH_4$, $C_2H_5OH$, $C_3H_8$.

| Organische Stoffe | Formeln der zugeordneten Stoffe |
|---|---|
| Stoffe mit zwei Kohlenstoffatomen im Molekül | |
| Kohlenwasserstoffe | |
| Alkohole/Alkanole | |
| Stoffe mit Aldehydgruppe im Molekül | |

4

25

3.1 *Methansäure und Ethansäure sind häufig verwendete Chemikalien. Mithilfe der ausführlichen Strukturformeln dieser organischen Stoffe werden Aussagen zum Bau gefordert und verglichen. Aus dem Alltag spielen Maßnahmen zum sachgerechten Umgang mit diesen Stoffen und ihre reinigende Wirkung eine Rolle.*

– **Strukturformeln:**

Methansäure    Ethansäure

– Die **funktionelle Gruppe** heißt „Carboxylgruppe".

– **Vergleich:**
Gemeinsamkeiten:
Carboxylgruppe als funktionelle Gruppe, funktionelle Gruppe enthält das Element Sauerstoff

*Alternative: chemische Verbindungen der Elemente C, H und O*

Unterschied: Anzahl der C-Atome im Molekül

*Alternativen: Molekülgröße, Carboxylgruppe der Methansäure ist mit einem H-Atom verbunden oder Carboxylgruppe der Ethansäure ist mit einem Kohlenwasserstoffrest verbunden*

– **Wirkung der Säuren in Reinigungsmitteln:**
Sie lösen z. B. Kalkreste (Calciumcarbonat) unter Bildung löslicher Calciumsalze dieser Säuren auf. Dabei entsteht noch Kohlenstoffdioxid.

– **Maßnahmen zum sachgerechten Umgang:**
Gebrauchsanweisungen lesen, Entsorgung mit viel Wasser

*Alternativen: Augen vor Kontakt schützen (Schutzbrille), sichere Aufbewahrung (kein Zugriff für Kinder), bei Kontakt mit der Haut mit viel Wasser abspülen*

3.2 *Die chemischen Eigenschaften von Salzsäure und Ethansäure sollen im Schülerexperiment untersucht werden. Zu beiden Lösungen wird Unitestlösung und ein Magnesiumspan gegeben.*

– **Beobachtungen (Versuch 1 mit Unitestlösung):**
Beide Lösungen färben Unitestlösung rot bzw. orange bei Ethansäure.
Die nachgewiesenen Teilchen sind Wasserstoff-Ionen/$H^+$.

– **Beobachtungen (Versuch 2 mit Magnesiumspan):**
Gibt man in beide Lösungen einen Magnesiumspan, so löst sich dieser unter Zischen (Wasserstoffbildung) und Wärmeentwicklung auf.
Beide Reaktionen verlaufen ähnlich.

- **Reaktionsgleichung:** $Mg + 2\,HCl \longrightarrow H_2 + MgCl_2$

  *Alternative:* $Mg + 2\,CH_3COOH \longrightarrow H_2 + Mg\,(CH_3COO)_2$

- **Unterscheidung von Ethansäure und Salzsäure:**
  Unterscheiden kann man beide Lösungen am Geruch. Essigsäure riecht stechend sauer, verdünnte Salzsäure ist (fast) geruchlos.

  *Alternative: Da Essigsäure eine schwache Säure ist, färbt sie Unitestlösung nur „Orange" und nicht „Rot" wie bei der starken Salzsäure.*

**3.3** *Der Ansatz für diese Aufgabe ist folgender:*
- *Aus der Reaktionsgleichung kann man die Stoffmengen von Natriumhydroxid und Methansäure entnehmen.*
- *Die molaren Massen dieser Stoffe müssen im Tafelwerk aufgesucht werden.*
- *Die Masse an Methansäure ist gegeben.*
- *Mit der Größengleichung, die das Masseverhältnis $m(NaOH) : m(HCOOH)$ laut Reaktionsgleichung angibt, kann die Masse an Natriumhydroxid berechnet werden.*

*gesucht:* $m_1$ (Natriumhydroxid)

*gegeben:*

$n_1 = 1\ mol$      $m_2 = 10\ g$ Methansäure

$M_1 = 40\ g \cdot mol^{-1}$      $n_2 = 1\ mol$

     $V_m = 46\ g \cdot mol^{-1}$

*Größengleichung:* $\dfrac{m_1}{m_2} = \dfrac{n_1 \cdot M_1}{n_2 \cdot M_2}$

*Umformen / Einsetzen:*

$$n_1 = \frac{n_1 \cdot M_1 \cdot m_2}{n_2 \cdot M_2} \qquad m_1 = \frac{1\,mol \cdot 40g \cdot mol^{-1} \cdot 10g}{1\,mol \cdot 46\ g \cdot mol^{-1}}$$

$$m_1 = 8,7\,g \text{ (gerundet)}$$

Um 10 g Methansäure zu neutralisieren, benötigt man 8,7 g Natriumhydroxid.

*Alternativer Rechenweg:*

    $\boxed{10\ g}$          $\boxed{m}$

$HCOOH + NaOH \longrightarrow HCOONa + H_2O$

$1\ mol \cdot 46\ g \cdot mol^{-1}$     $1\ mol \cdot 40\ g \cdot mol^{-1}$

    $\boxed{46\ g}$          $\boxed{40\ g}$

$$\frac{m}{40\ g} = \frac{10\ g}{46\ g} \qquad \Big| \quad \cdot 40\ g$$

$$m = 8,7\ g$$

*Um 10 g Methansäure zu neutralisieren, benötigt man 8,7 g Natriumhydroxid.*

3.4  *Eine Reihe organischer Stoffe soll nach vorgegebenen Kriterien geordnet werden.*

| Organische Stoffe | Formeln |
|---|---|
| zwei C-Atome im Molekül | $C_2H_6$ und $C_2H_5OH$ |
| Kohlenwasserstoffe | $C_2H_6$, $CH_4$, $C_3H_8$ |
| Alkohole/Alkanole | $CH_3OH$ und $C_2H_5OH$ |
| Aldehydgruppe im Molekül | $C_2H_5CHO$ |

BE

4.1 Auf dem Etikett einer Mineralwasserflasche finden Sie folgende Angaben:

| 21,4 mg · L$^{-1}$ | | Magnesium-Ionen |
|---|---|---|
| 3,0 mg · L$^{-1}$ | K$^+$ | |
| 80,3 mg · L$^{-1}$ | SO$_4^{2-}$ | |
| 19,0 mg · L$^{-1}$ | | Chlorid-Ionen |

– Ergänzen Sie die fehlenden chemischen Zeichen und Namen der Ionen.
– Notieren Sie Name und Formel von zwei Salzen, die im Mineralwasser gelöst sein könnten.

Einige Mineralwässer färben Universalindikator orange bis rot.

– Erklären Sie diese Erscheinung. 6

4.2 **Experiment:**

Untersuchen Sie Eigenschaften des vorliegenden Stoffes.

a) Prüfen Sie den vorliegenden Stoff auf elektrische Leitfähigkeit.
b) Geben Sie eine Stoffprobe in Wasser und tropfen Sie anschließend Barium-chloridlösung zu.

– Führen Sie die Experimente durch und leiten Sie aus den Beobachtungen drei Eigenschaften dieses Stoffes ab.
– Entwickeln Sie die Reaktionsgleichung für die im Experiment b) miteinander reagierenden Ionen.

Von dem untersuchten Stoff ist die Schmelztemperatur 884 °C bekannt.

– Geben Sie Name und Formel des gesuchten Stoffes an.
– Nennen Sie drei weitere Eigenschaften des untersuchten Stoffes. 9

4.3 Durch hartes Leitungswasser kann die Funktion bestimmter elektrischer Geräte beeinträchtigt werden.

– Erläutern Sie diese Aussage an einem Beispiel.
– Geben Sie eine Möglichkeit an, die Funktion der Geräte langfristig zu erhalten. 3

4.4 Aus Wasser lässt sich der umweltfreundliche Energieträger Wasserstoff gewinnen.

– Berechnen Sie das Volumen an Wasserstoff, das bei der Zerlegung von 150 g Wasser durch elektrischen Strom entsteht.

$$2 \, H_2O \longrightarrow 2 \, H_2 + O_2$$

4

4.5 Wasser kann für die Stoffe mit folgender Formel Reaktionspartner sein:
MgO, CaC$_2$, C$_2$H$_4$

– Geben Sie die Namen der Stoffe an.
– Ergänzen Sie die Wortgleichungen für die Reaktion dieser Stoffe mit Wasser.

... + Wasser $\longrightarrow$ Ethin + Calciumhydroxid

... + Wasser $\longrightarrow$ Ethanol

... + Wasser $\longrightarrow$ Magnesiumhydroxid $\qquad \dfrac{3}{25}$

# Lösungen

**4.1** *Angaben über die Zusammensetzung eines Mineralwassers sind gefordert.*

- **Tabelle:**

| $21,4 \text{ mg} \cdot \text{L}^{-1}$ | $Mg^{2+}$ | Magnesium-Ionen |
|---|---|---|
| $3,0 \text{ mg} \cdot \text{L}^{-1}$ | $K^+$ | **Kalium-Ionen** |
| $80,3 \text{ mg} \cdot \text{L}^{-1}$ | $SO_4^{2-}$ | **Sulfat-Ionen** |
| $19,0 \text{ mg} \cdot \text{L}^{-1}$ | $Cl^-$ | Chlorid-Ionen |

- **gelöste Salze:** Magnesiumchlorid/$MgCl_2$ und Kaliumchlorid/KCl

  *Alternative: Kaliumsulfat/$K_2SO_4$ und Magnesiumsulfat/$MgSO_4$.*

- **Färbung von Universalindikator:**
  Diese Mineralwässer sind sauer und enthalten einen Überschuss an Wasserstoff-Ionen, die den Universalindikator orange bis rot färben.

**4.2** *Im Schülerexperiment wird ein Stoff gesucht und untersucht. Aus den Beobachtungen sind Eigenschaften abzuleiten. Die gegebene Schmelztemperatur führt zum Namen und der Formel des gesuchten Stoffes. Weitere Eigenschaften des gesuchten Stoffes sind zu nennen.*

- **Beobachtungen und Eigenschaften**
  Versuch a: Die Lampe leuchtet nicht auf, deshalb leitet der Stoff keinen Strom. Es handelt sich um einen weißen, kristallinen Stoff.
  Versuch b: Der Stoff ist wasserlöslich. Gibt man zu der Lösung die Bariumchloridlösung, bildet sich ein weißer, feinkristalliner Niederschlag.

- **Reaktionsgleichung:**
  $Ba^{2+} + SO_4^{2-} \longrightarrow BaSO_4$ (Nachweis von Sulfat-Ionen in der Lösung)
  *Alternative Darstellung:* $Na_2SO_4 + BaCl_2 \longrightarrow BaSO_4 + 2\,NaCl$

- **Name und Formel:** Natriumsulfat/$Na_2SO_4$

- **weitere Eigenschaften:** Dichte $2,69 \text{ g/cm}^3$, molare Masse $142 \text{ g} \cdot \text{mol}^{-1}$, Löslichkeit 19 g/100 g Wasser bei 20 °C
  *weitere Alternative: Lösung leitet den Strom*

**4.3** *Hartes Wasser beeinträchtigt die Funktion elektrischer Geräte. Zu dieser Erscheinung des Alltags sind chemische Betrachtungen anzustellen.*

- **Erläuterung der Aussage:**
  Hartes Wasser enthält viele gelöste Magnesium- und Calciumsalze. Beim Gebrauch elektrischer Geräte setzt sich dann z. B. Kalk (Calciumcarbonat) ab. Der Kalk verstopft und beschädigt z. B. Gummischläuche.

- **Möglichkeit zur Erhaltung der Geräte:**
  Der Einsatz von Wasserenthärtern in Waschmitteln oder deren Zusatz verhindert Kalkablagerungen und deren Folgen.

4.4 *Der Ansatz zu dieser Aufgabe ist folgender:*
- *Aus der Reaktionsgleichung kann man die Stoffmengen für Wasser und Wasserstoff entnehmen.*
- *Die molare Masse des Wassers steht im Tafelwerk. Das molare Volumen von Wasserstoff beträgt $22{,}4\ L \cdot mol^{-1}$.*
- *Das Volumen an Wasserstoff ist gesucht.*
- *Mit der Größengleichung, die das Volumen-Masseverhältnis zwischen Wasserstoff und Wasser laut Reaktionsgleichung angibt, kann man das Volumen an Wasserstoff berechnen.*

*gesucht:* $V_1$ (Wasserstoff)

*gegeben:* $m_2$ (Wasser) $= 100$ g

$n_1 = 2$ mol $\qquad n_2 = 2$ mol

$V_m = 22{,}4\ \text{L} \cdot \text{mol}^{-1} \qquad M_2 = 18\ \text{g} \cdot \text{mol}^{-1}$

*Größengleichung:* $\dfrac{V_1}{m_2} = \dfrac{n_1 \cdot V_m}{n_2 \cdot M_2}$

*Umformen / Einsetzen:*

$V_1 = \dfrac{n_1 \cdot V_m \cdot m_2}{n_2 \cdot M_2} \qquad V_1 = \dfrac{2\,\text{mol} \cdot 22{,}4\,\text{L} \cdot \text{mol}^{-1} \cdot 100\,\text{g}}{2\,\text{mol} \cdot 18\,\text{g} \cdot \text{mol}^{-1}}$

$$V_1 = 186{,}7\,\text{L}\,(\text{gerundet})$$

Aus 100 g Wasser lassen sich 186,7 L Wasserstoff herstellen.

*Alternativer Rechenweg:*

$$\boxed{100\,g} \qquad\qquad \boxed{V}$$
$$2\,H_2O \qquad\longrightarrow\qquad 2\,H_2\ +\ O_2$$
$$2\ mol \cdot 18\,g \cdot mol^{-1} \qquad 2\ mol \cdot 22{,}4\,L \cdot mol^{-1}$$
$$\boxed{36\,g} \qquad\qquad \boxed{44{,}8\,L}$$

$\dfrac{V}{44{,}8\ L} = \dfrac{100\ g}{36\ g} \qquad \Big| \cdot 44{,}8\ L$

$$m = 186{,}7\ L$$

*Aus 100 g Wasser lassen sich 186,7 L Wasserstoff herstellen.*

4.5 *Wasser ist der Reaktionspartner folgender Stoffe.*

- **Namen:** Magnesiumoxid, Calciumcarbid und Ethen

**Wortgleichungen:**

Calciumcarbid + Wasser $\longrightarrow$ Ethin + Calciumhydroxid

Ethen + Wasser $\longrightarrow$ Ethanol

Magnesiumoxid + Wasser $\longrightarrow$ Magnesiumhydroxid

BE

1.1 Ihnen wird folgendes Experiment demonstriert:
Zwei weiße pulverförmige Stoffe werden in zwei Gefäße mit stark verdünnter Universalindikatorlösung gegeben. Die festen Stoffe sind Oxide verschiedener Elemente, die in der II. Hauptgruppe des Periodensystems der Elemente stehen.

– Notieren Sie Ihre Beobachtung.

– Werten Sie Ihre Beobachtungen aus.

– Stellen Sie eine Vermutung an, welche festen Stoffe in die wässrige Lösung gegeben wurden, indem Sie Name und Formel für zwei der Stoffe angeben.

– Entwickeln Sie die Reaktionsgleichung für eine der chemischen Reaktionen.

– Erläutern Sie ein Merkmal chemischer Reaktionen an diesem Beispiel.     8

1.2 Das Element Phosphor bildet auch ein weißes Oxid. Dieses Oxid kann ebenfalls in Universalindikatorlösung gegeben werden.

– Notieren Sie die dabei zu erwartende Beobachtung.

– Begründen Sie mithilfe des Periodensystems der Elemente den Unterschied zu den Beobachtungsergebnissen des Lehrerdemonstrationsexperimentes von 1.1.     3

1.3 Auf einer feuerfesten Unterlage werden angehäufte Magnesiumspäne entzündet. Folgendes Gespräch entsteht nach dem Experiment:

Sven: „Schönes Feuerwerk! Schade, das Magnesium verbrennt zu weißlicher Asche."

Julia: „Magnesium ändert seine Eigenschaften. Es wird weißlich."

Paul: „Nein, Magnesium wird ein neuer Stoff."

Laura: „Das ist eine endotherme Reaktion. Wärme muss zugeführt werden."

– Alle Aussagen sind chemisch nicht korrekt.
Begründen Sie dies für zwei der Aussagen.     4

1.4 Das Periodensystem der Elemente hilft.

– Formulieren Sie vier Aussagen über das chemische Element mit der Ordnungszahl 20, die aus dem Periodensystem entnommen oder aus diesem abgeleitet werden können.

– Vergleichen Sie Atom und Ion dieses chemischen Elements. Geben Sie eine Gemeinsamkeit und drei Unterschiede an.     6

1.5 Stoffe können nach ihrem Bau in Stoffklassen geordnet werden.
– Übernehmen Sie folgende Tabelle in Ihre Aufzeichnungen und ergänzen Sie diese.

| Stoffbeispiel | Aluminium | | Sauerstoff |
|---|---|---|---|
| Stoffklasse | | Ionensubstanz | Molekülsubstanz |
| Art der Teilchen | positiv geladene Metall-Ionen, frei bewegliche Elektronen | | |
| Chemische Bindung | | | |
| Charakteristische Eigenschaft der Stoffklasse | | Feststoff nicht elektrisch leit-fähig, Lösungen leiten den elektrischen Strom | niedrige Siede- und Schmelztemperatur |

$\frac{4}{25}$

2008-2

**Lösungen**

1.1 *Im Demonstrationsexperiment ist bei beiden Reagenzgläsern ein Farbumschlag zu beobachten (Blaufärbung), die Gemische trüben sich ein.*

– **Beobachtungen:**
In beiden Reagenzgläsern verfärbten sich die Lösungen von grün zu blau und wurden trüb.

– **Auswertung:**
Es sind basische Lösungen entstanden. Es wurden Hydroxid-Ionen nachgewiesen.

– **mögliche Stoffe:**
Magnesiumoxid MgO, Calciumoxid CaO

*Alternative: Bariumoxid BaO*

– Reaktionsgleichung:
$MgO + H_2O \longrightarrow Mg(OH)_2$
*Alternative:* $CaO + H_2O \longrightarrow Ca(OH)_2$
$BaO + H_2O \longrightarrow Ba(OH)_2$

– Bei chemischen Reaktionen entsteht ein neuer Stoff mit neuen Eigenschaften.
**Erläuterung:** Aus einer neutralen Lösung entsteht eine basische Lösung.

1.2 *Hier soll eine Beobachtung vorausgesagt werden, die mithilfe des Periodensystems der Elemente zu begründen ist.*

– **Beobachtung:**
Durch das Oxid des Phosphors würde die Universalindikator-Lösung rot gefärbt.

– **Begründung:**
Das Element Phosphor steht in der V. Hauptgruppe des Periodensystems der Elemente und ist als Nichtmetall gekennzeichnet. Nichtmetalloxide bilden mit Wasser saure Lösungen. Im Demonstrationsexperiment wurden Oxide der Elemente der II. Hauptgruppe eingesetzt. Die Elemente der II. Hauptgruppe sind als Metalle gekennzeichnet. Metalloxide bilden mit Wasser basische Lösungen.

*Varianten in der Begründung ergeben sich aus unterschiedlichen Darstellungen des Periodensystems der Elemente:*

*Alternative Begründung: Im Periodensystem der Elemente ist das Feld rot unterlegt. In der Legende kann man ablesen, dass das Oxid einen sauren Charakter hat. Im Periodensystem der Elemente ist das Feld blau unterlegt. In der Legende kann man ablesen, dass das Oxid einen basischen Charakter hat.*

1.3 *Es sollen chemische Unkorrektheiten in fiktiven Aussagen erkannt werden. Eine Korrektur ist nicht zwingend gefordert.*

**Sven:** „Schönes Feuerwerk! Schade, das Magnesium verbrennt zu weißlicher Asche."
Der Begriff „weißliche Asche" ist nicht korrekt, die genaue Bezeichnung des Stoffes ist Magnesiumoxid.

**Julia:** „Magnesium ändert seine Eigenschaften. Es wird weißlich."
Nach dem Entzünden handelt es sich nicht mehr um Magnesium, sondern um einen neuen Stoff, der weiß aussieht.

**Paul:** „Nein, Magnesium wird ein neuer Stoff."
Der neue Stoff kann nicht mehr als Magnesium bezeichnet werden.

**Laura:** „Das ist eine endotherme Reaktion. Wärme muss zugeführt werden."
Es handelt sich um eine exotherme Reaktion, bei der Wärmeenergie frei wird. Die zunächst zugeführte Energie dient als Aktivierungsenergie.

1.4 *Für ein konkretes chemisches Element sollen 4 Aussagen aus dem Periodensystem der Elemente entnommen oder abgeleitet und das Atom mit dem Ion verglichen werden. Achten Sie auf die Kennzeichnung der Gemeinsamkeit und der Unterschiede.*

– **Aussagen:** Das Element mit der Ordnungszahl 20 heißt Calcium, es hat das Symbol Ca. Das Atom besitzt 20 Protonen im Atomkern, 20 Elektronen in der Atomhülle.

*Weitere mögliche Aussagen: 2 Außenelektronen, 4 besetzte Schalen, relative Atommasse beträgt 40,08 u, der Elektronegativitätswert ist 1,2.*

– **Gemeinsamkeit zwischen Atom und Ion:**
Beide besitzen 20 Protonen.

**Unterschiede zwischen Atom und Ion:**
Unterschiede bestehen in der Elektronenanzahl, das Atom hat 20, dagegen besitzt das Ion nur 18 Elektronen. Das Atom hat 2 Außenelektronen, das Ion dagegen 8. Beim Atom sind 4 Elektronenschalen besetzt, beim Ion nur 3.

1.5 *In einer Tabelle tragen Sie in die freien Felder allgemeine Aussagen zu den Arten der chemischen Bindung ein.*

| Stoffbeispiel | Aluminium | **z. B. Natriumchlorid** *Alternativen: Magnesiumoxid, Natriumhydroxid* | Sauerstoff |
|---|---|---|---|
| Stoffklasse | **Metalle** | Ionensubstanz | Molekülsubstanz |
| Art der Teilchen | positiv geladene Metall-Ionen, frei bewegliche Elektronen | **Ionen** | **Moleküle** |
| Chemische Bindung | **Metallbindung** | **Ionenbindung** | **Atombindung** |
| Charakteristische Eigenschaft der Stoffklasse | **z. B. leiten den elektrischen Strom** | Feststoff nicht elektrisch leitfähig, Lösungen leiten den elektrischen Strom | niedrige Siede- und Schmelztemperatur |

BE

2.1 Brennstoffe sichern den Energiebedarf in unseren Haushalten und in der Wirtschaft. Besondere Bedeutung als Energieträger haben gesättigte und ungesättigte Kohlenwasserstoffe, die aus Erdöl gewonnen werden.

– Übernehmen Sie die Tabelle und ordnen Sie die Stoffe mit folgenden Formeln in die Tabelle ein:

$CH_3-(CH_2)_6-CH_3$; $C_2H_2$; $C_2H_5OH$; $C_6H_{12}O_6$; $CH_2=CH_2$; $CH_4$

| Organische Stoffe | Formeln der zugeordneten Stoffe |
|---|---|
| Gesättigte Kohlenwasserstoffe | |
| Ungesättigte Kohlenwasserstoffe | |
| Keine Kohlenwasserstoffe | |

3

2.2 **Experiment**
Kerzenwachs kann aus Kohlenwasserstoffen bestehen.
Überprüfen Sie diese Aussage experimentell an einer brennenden Kerze (z. B. eines Teelichtes).

– Skizzieren Sie eine Experimentanordnung und beschriften Sie darin die benötigten Geräte und Chemikalien.

– Legen Sie Ihren Plan dem Lehrer vor und führen Sie das Experiment durch.

– Notieren Sie Ihre Beobachtungen.

– Werten Sie Ihre Beobachtungen aus.

– Entwickeln Sie die Reaktionsgleichung für den Nachweis des gasförmigen kohlenstoffhaltigen Reaktionsproduktes.

11

2.3 Nach Angabe eines Autoherstellers entsteht beim Verbrennen von Benzin (Hauptbestandteil Octan) je Kilometer eine Masse von 172 g Kohlenstoffdioxid.

– Berechnen Sie die Masse an Octan, die dabei verbrannt wird.

4

$$2\,C_8H_{18} \; + \; 25\,O_2 \longrightarrow 16\,CO_2 \; + \; 18\,H_2O$$

2.4 Trotz intensiver Forschungsarbeiten nach alternativen Treibstoffen werden Benzin und Diesel noch am häufigsten verwendet.

– Begründen Sie mit der Zusammensetzung der Abgase und deren Wirkung auf die Umwelt die Notwendigkeit, die Entwicklung alternativer Treibstoffe zu fördern.

– Geben Sie einen weiteren Grund an, nach alternativen Antriebsmöglichkeiten zu suchen.

3

2.5 In Deutschland werden dem Benzin gegenwärtig etwa 5 Prozent Ethanol beigemischt.

- Notieren Sie eine Eigenschaft des Ethanols, die es als Treibstoffzusatz geeignet macht.
- Geben Sie vier weitere Eigenschaften von Ethanol an.
- Welches charakteristische Strukturmerkmal hat Ethanol?   $\dfrac{4}{25}$

# Lösungen

**2.1** *Vorgegebene Formeln sind in eine Tabelle einzuordnen.*

| Organische Stoffe | Formeln der zugeordneten Stoffe |
|---|---|
| Gesättigte Kohlenwasserstoffe | $CH_3-(CH_2)_6-CH_3$, $CH_4$ |
| Ungesättigte Kohlenwasserstoffe | $C_2H_2$, $CH_2=CH_2$ |
| Keine Kohlenwasserstoffe | $C_2H_5OH$, $C_6H_{12}O_6$ |

**2.2** *In einem Experiment soll bestätigt werden, dass Kerzenwachs aus Kohlenwasserstoffen bestehen kann. Dazu müssen Sie die Reaktionsprodukte bei der Verbrennung nachweisen.*

– **beschriftete Skizze:**

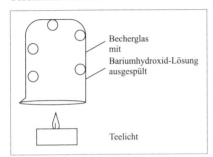

Becherglas
mit
Bariumhydroxid-Lösung
ausgespült

Teelicht

– **Durchführung:**
Ein kaltes Becherglas wird mit Bariumhydroxid-Lösung ausgespült und mit der Öffnung nach unten über eine brennende Kerze gehalten.

– **Beobachtungen:**
Am Becherglas schlägt sich Kondenswasser nieder. An den Stellen, wo das Becherglas mit Bariumhydroxid-Lösung benetzt ist, bilden sich graue Schlieren.

– **Auswertung:**
Wasser und Kohlenstoffdioxid wurden nachgewiesen.

– **Reaktionsgleichung:**
$$Ba(OH)_2 + CO_2 \longrightarrow BaCO_3 + H_2O$$

**2.3** *Der Ansatz für die Aufgabe ist folgender: Im Text ist die Masse des Kohlenstoffdioxids gegeben, die Reaktionsgleichung enthält die Stoffmengen von Octan und Kohlenstoffdioxid, im Tafelwerk findet man die molaren Massen der Stoffe.*

**Berechnung:**
Reaktionsgleichung: $2 C_8H_{18} + 25 O_2 \longrightarrow 16 CO_2 + 18 H_2O$

Gesucht: $m_1$ (Octan)

Gegeben: $m_2$ (Kohlenstoffdioxid) = 172 g
$n_1 = 2$ mol $\quad M_1 = 114$ g $\cdot$ mol$^{-1}$
$n_2 = 16$ mol $\quad M_2 = 44$ g $\cdot$ mol$^{-1}$

**Lösung:**

$$\frac{m_1}{m_2} = \frac{n_1 \cdot M_1}{n_2 \cdot M_2}$$

$$\frac{m_1}{172\,g} = \frac{2\,mol \cdot 114\,g \cdot mol^{-1}}{16\,mol \cdot 44\,g \cdot mol^{-1}}$$

$$m_1 = 55,7\,g$$

**Antwortsatz:**
Wenn je Kilometer 172 g Kohlenstoffdioxid entstehen, werden dabei 55,7 g Octan verbrannt.

*Alternativer Rechenweg:*

| | | | |
|---|---|---|---|
| *1 Textanalyse:* | *m* | | *172 g* |
| | $2\,C_8H_{18}$ + $25\,O_2$ $\longrightarrow$ | | $16\,CO_2$ + $18\,H_2O$ |
| *2 Stoffmenge:* | *2 mol* | | *16 mol* |
| *3 molare Masse:* | *114 g $\cdot mol^{-1}$* | | *44 g $\cdot mol^{-1}$* |
| *4 Masse:* | *228 g* | | *704 g* |

*5 Verhältnisgleichung :* $\dfrac{m}{228\,g} = \dfrac{172\,g}{704\,g}$

*6 Lösung und Ergebnis:* m = 55,7 g

*7 Antwortsatz: Wenn je Kilometer 172 g Kohlenstoffdioxid entstehen, werden dabei 55,7 g Octan verbrannt.*

2.4 – In den Abgasen ist u. a. Kohlenstoffdioxid vorhanden, das ist in der Atmosphäre für den Treibhauseffekt verantwortlich. Dadurch erhöht sich die Temperatur in erdnahen Luftschichten, Klimaveränderungen sind die Folge.

– Die Vorräte von Erdöl als Rohstoff sind stark begrenzt.

2.5 *Am Beispiel soll der Zusammenhang zwischen Eigenschaften eines Stoffes und der Verwendung aufgezeigt werden.*

– **Eigenschaft von Ethanol als Treibstoff:**
Ethanol ist brennbar.

*Alternative Lösung: Ethanoldämpfe bilden mit Luft explosive Gemische.*

– **Weitere Eigenschaften von Ethanol:**
flüssig, charakteristischer Geruch, gut mit Wasser mischbar,
geringer Siedepunkt: 78,4 °C

*weitere Alternativen: molare Masse 46 g $\cdot mol^{-1}$, Schmelzpunkt: –114,2 °C*

– **Charakteristisches Strukturmerkmal:**
Hydroxylgruppe , –OH;

BE

3.1 Die Luft gehört zu den Lebensgrundlagen für Mensch, Tier und Pflanze. Als Erdatmosphäre schützt das Gasgemisch vor Einflüssen des Weltalls und es enthält
Sauerstoff für lebensnotwendige Stoffwechselprozesse. Die folgende Übersicht
vergleicht die Erdatmosphäre mit den Gashüllen von Venus und Mars.

| Zusammensetzung der Gashüllen in Prozent | Venus | Erde | Mars |
|---|---|---|---|
| Kohlenstoffdioxid | 93–98 | 0,03 | 95,32 |
| Stickstoff | 2–5 | 78,08 | 2,7 |
| Argon | 0,003 | 0,93 | 1,6 |
| Sauerstoff | 0,003 | 20,94 | 0,13 |
| Kohlenstoffmonooxid | 0,003 | 0,000005–0,00002 | 0,07 |
| Neon | 0,0015 | 0,0018 | 0,00025 |
| Krypton | 0,0001 | 0,0001 | 0,00003 |
| Xenon | – | 0,000008 | 0,000008 |
| Ozon | – | 0,000002–0,001 | 0,000003 |

- Notieren Sie vier Hauptbestandteile der Erdatmosphäre.
- Vergleichen Sie die Zusammensetzung der Gashüllen der Planeten bezüglich der
  Hauptbestandteile der Erdatmosphäre. Geben Sie dabei eine Gemeinsamkeit und
  zwei Unterschiede an.
- Begründen Sie, warum auf Venus und Mars Leben, wie wir es von der Erde ken-
  nen, nicht möglich ist.

7

3.2 Der Schwede C. Wilhelm Scheele und der Engländer J. Priestley haben unab-
hängig voneinander den Sauerstoff entdeckt.
- Erstellen Sie einen Steckbrief für den Stoff Sauerstoff mit sechs Angaben.
- Geben Sie das Volumen des Sauerstoffs an, das ein Mensch täglich mit etwa
  10 000 Litern Luft einatmet.

4

3.3 **Experiment**
Sauerstoff soll dargestellt und nachgewiesen werden.
- Planen Sie ein geeignetes Experiment, indem Sie ein Protokoll nach folgenden
  Gesichtspunkten vorbereiten: Aufgabe, Geräte und Chemikalien, Durchführung,
  Beobachtung und Auswertung.
- Legen Sie das vorbereitete Protokoll dem Lehrer vor und führen Sie das Experi-
  ment durch.
- Vervollständigen Sie Ihr Protokoll.

8

3.4 Bei der Herstellung von Stahl wird der im Roheisen vorhandene Kohlenstoffanteil
mithilfe von Sauerstoff verringert.

$$C + O_2 \longrightarrow CO_2$$

- Berechnen Sie das Volumen an Sauerstoff, das zur Oxidation von 300 kg Kohlenstoff benötigt wird.

4

3.5 Autos mit Wasserstoffmotoren sind sehr umweltfreundlich. Bei der Verbrennung des Wasserstoffs entstehen keine schädlichen Abgase.
   - Entwickeln Sie für die dabei ablaufende chemische Reaktion die Reaktionsgleichung.

$$\frac{2}{25}$$

# Lösungen

*3.1 Angaben in einer Tabelle sollen erfasst, verglichen und für eine Begründung genutzt werden.*

   - Die **Hauptbestandteile der Erdatmosphäre** sind Stickstoff, Sauerstoff, Argon und Kohlenstoffdioxid.

   - **mögliche Gemeinsamkeit:**
   Auf allen Planeten kommt Stickstoff vor.

   **mögliche Unterschiede:**
   Die Erde hat den größten Stickstoffanteil, Venus und Mars haben viel weniger. Venus und Mars haben über 90 % Kohlenstoffdioxid, in der Erdatmosphäre sind nur 0,03 % vorhanden.

   - Das Leben auf der Erde setzt einen gewissen Sauerstoffanteil voraus, der ist auf Venus und Mars zu gering.

*3.2 Sechs Angaben zum Stoff Sauerstoff sind in der Form eines Steckbriefes zu verfassen.*

   - **mögliche Fakten:**

| | |
|---|---|
| Aggregatzustand: | gasförmig |
| Farbe: | farblos |
| Geruch: | geruchlos |
| Brennbarkeit: | nicht brennbar |
| Wirkung auf eine Flamme: | fördert die Verbrennung |
| Nachweis: | Spanprobe |

   *weitere mögliche Fakten: molare Masse: 32 g · mol$^{-1}$; Schmelztemperatur: –219 °C; Siedetemperatur: –183 °C; Verwendung: in Beatmungsgeräten*

   - **Berechnung:**
   20,94 % von 10 000 Litern sind 2 094 Liter
   gerundete Werte 2 000 Liter (ein Fünftel) oder 2 100 Liter (21 %).

*3.3 Es soll selbstständig ein Experiment geplant, durchgeführt und ausgewertet werden. Beachten Sie, dass Sauerstoff dargestellt **und** nachgewiesen werden muss.*

   **Protokoll:**

| | |
|---|---|
| Aufgabe: | Stelle Sauerstoff her und weise ihn nach. |
| Geräte: | Reagenzglas, Brenner, Reagenzglashalter, Holzspan |
| Chemikalien: | Kaliumpermanganat |

| Durchführung: | Das Kaliumpermanganat wird erhitzt bis sich deutliche Veränderungen zeigen. Dann wird ein glühender Holzspan in das Reagenzglas eingeführt. |
|---|---|
| Beobachtungen: | Im Reagenzglas entsteht Rauch und es knistert. Beim Einführen des glühenden Holzspans flammt dieser hell auf. |
| Auswertung: | Sauerstoff wurde hergestellt und nachgewiesen. |

*Hinweis: Es existieren weitere Möglichkeiten Sauerstoff herzustellen: z. B. Zersetzung von Wasserstoffperoxid mithilfe von Braunstein (Mangan(IV)-oxid), thermische Zersetzung von Kaliumnitrat.*

<u>*Protokoll-Variante (Zersetzung von Wasserstoffperoxid):*</u>

| *Aufgabe:* | *Stelle Sauerstoff her und weise ihn nach.* |
|---|---|
| *Geräte:* | *Reagenzglas mit Ansatz, Ableitungsschlauch, pneumatische Wanne, Reagenzgläser, Stopfen, Brenner, Stativ, Holzspan* |
| *Chemikalien:* | *verdünnte Wasserstoffperoxid-Lösung, Braunstein (Mangan(IV)-oxid)* |
| *Durchführung:* | *Im Reagenzglas mit Ansatz wird verdünnte Wasserstoffperoxid-Lösung mit Braunstein versetzt. Dann wird ein Stopfen aufgesetzt. Das entstehende Gas wird in einem Reagenzglas pneumatisch aufgefangen. Dann wird ein glühender Holzspan in dieses Reagenzglas eingeführt.* |
| *Beobachtungen:* | *Im Reagenzglas mit Ansatz entwickelt sich ein Gas. Beim Einführen des glühenden Holzspans flammt dieser hell auf.* |
| *Auswertung:* | *Sauerstoff wurde hergestellt und nachgewiesen.* |

3.4 *Der Ansatz für die Aufgabe ist folgender: Im Text ist die Masse des Kohlenstoffs gegeben, die Reaktionsgleichung enthält die Stoffmengen von Sauerstoff und Kohlenstoff, im Tafelwerk findet man die molare Masse des Kohlenstoffs, das molare Volumen für Gase ist bekannt.*

**Berechnung:**

Reaktionsgleichung: $C + O_2 \longrightarrow CO_2$

Gesucht: $V_1$ (Sauerstoff)

Gegeben: $m_2$ (Kohlenstoff) = 300 kg
$n_1 = 1$ mol $\quad V_m = 22{,}4$ L $\cdot$ mol$^{-1}$
$n_2 = 1$ mol $\quad M_2 = 12$ g $\cdot$ mol$^{-1}$

**Lösung:**

$$\frac{V_1}{m_2} = \frac{n_1 \cdot V_m}{n_2 \cdot M_2}$$

$$\frac{V_1}{300\,\text{kg}} = \frac{1\,\text{mol} \cdot 22{,}4\,\text{L} \cdot \text{mol}^{-1}}{1\,\text{mol}\ 12\,\text{g} \cdot \text{mol}^{-1}}$$

$$V_1 = \frac{1\,\text{mol} \cdot 22{,}4\,\text{L} \cdot \text{mol}^{-1} \cdot 3000000\,\text{g}}{1\,\text{mol} \cdot 12\,\text{g} \cdot \text{mol}^{-1}}$$

$$V_1 = 560000\,\text{L}$$

**Antwortsatz:** Für die Oxidation von 300 kg Kohlenstoff werden 560 000 Liter Sauerstoff benötigt.

*Variante:*

| | | |
|---|---|---|
| *1 Textanalyse:* | *300 kg* | *V* |
| | $C + O_2 \longrightarrow$ | $CO_2$ |
| *2 Stoffmenge:* | *1 mol* | *1 mol* |
| *3 molare Größe:* | $12\ g \cdot mol^{-1}$ | $22{,}4\ L \cdot mol^{-1}$ |
| *4 Masse, Volumen:* | *12 g* | *22,4 L* |

*5 Verhältnisgleichung :*
$$\frac{300\ kg}{12\ g} = \frac{V}{22{,}4\ L}$$

$$V = \frac{300\,000\ g \cdot 22{,}4\ L}{12\ g}$$

*6 Lösung und Ergebnis:*   $V = 560\,000\ L$

*7 Antwortsatz: Für die Oxidation von 300 kg Kohlenstoff werden 560 000 Liter Sauerstoff benötigt.*

3.5 *Es ist die Reaktionsgleichung für die Verbrennung von Wasserstoff aufzustellen.*

$$2\,H_2 + O_2 \longrightarrow 2\,H_2O$$

BE

4.1 In der Abwasseranlage einer Brauerei wird stündlich der pH-Wert gemessen.
An einem Tag wurden dabei folgende Messwerte aufgenommen:

  8:00 Uhr  pH = 6,4
  9:00 Uhr  pH = 9,0
10:00 Uhr  pH = 6,9
11:00 Uhr  pH = 7,8

  – Stellen Sie die Messergebnisse in einem geeigneten Diagramm dar.

  – Notieren Sie den Namen und die Formel eines Stoffes, mit dem man das um
     9:00 Uhr vorliegende Abwasser neutralisieren könnte.

  – Stellen Sie für diese chemische Reaktion eine Reaktionsgleichung auf.

  – Beschreiben Sie die dabei ablaufende Veränderung der Teilchen.

  Das Abwasser wird zu Brauchwasser aufbereitet.

  – Erläutern Sie den Unterschied zwischen Brauchwasser und Trinkwasser.     10

4.2 **Experiment**
Sie erhalten drei mit A, B und C gekennzeichnete farblose, wässrige Lösungen.
Dabei handelt es sich um Kaliumchloridlösung, Salzsäure und Schwefelsäurelösung.
Identifizieren Sie die Lösungen.

  – Planen Sie Ihr Vorgehen und fordern Sie höchstens zwei Nachweismittel an.

  – Führen Sie die Experimente durch.

  – Notieren Sie Ihre Beobachtungen.

  – Ordnen Sie die Stoffe den gekennzeichneten Reagenzgläsern A, B und C zu.     8

4.3 Wasser wurde in der Antike als eines der vier Elemente bezeichnet.

  – Begründen Sie, warum Wasser eine chemische Verbindung ist.

  – Ermitteln Sie aus dem Tafelwerk drei Eigenschaften des Wassers.     3

4.4 Pflanzen produzieren aus Kohlenstoffdioxid und Wasser mithilfe des Sonnenlichtes Traubenzucker und Sauerstoff.

$$6\,CO_2 \;+\; 6\,H_2O \longrightarrow C_6H_{12}O_6 \;+\; 6\,O_2$$

  – Berechnen Sie die Masse des Wassers, die zur Bildung von 10 Litern Sauerstoff
     benötigt wird.     $\underline{4}$
                                               25

# Lösungen

**4.1** *Aus gegebenen Werten ist ein geeignetes Diagramm zu erstellen. Dabei bieten sich Säulen- oder Streckendiagramme an. Ein Liniendiagramm ist nicht geeignet, weil keine Zwischenwerte bekannt sind (z. B. für 8:30 Uhr). Die chemischen Grundlagen der Wasseraufbereitung müssen erläutert werden.*

– **Diagramm:**

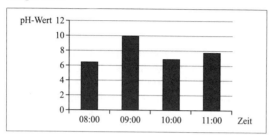

– z. B. Schwefelsäure $H_2SO_4$
  *Alternative: Chlorwasserstoffsäure HCl*

– allgemeine Reaktionsgleichung für die Neutralisation:
  $$H^+ + OH^- \longrightarrow H_2O$$

*Eine mögliche Reaktionsgleichung an einem konkreten Beispiel setzt die Wahl eines Hydroxides und einer Säure voraus. Dies ist komplizierter, aber auch möglich:*
*Beispiel: $Ca(OH)_2 + H_2SO_4 \longrightarrow CaSO_4 + 2\,H_2O$*

– **Beschreibung der Veränderungen:**
  Wasserstoff-Ionen und Hydroxid-Ionen reagieren zu Wassermolekülen.

– **Unterschiede zwischen Brauch- und Trinkwasser:**
  Trinkwasser unterliegt gesetzlichen Bestimmungen. Es soll klar, geruchlos und geschmacksfrei sein und darf keine Krankheitskeime enthalten. Bestimmte Grenzwerte an gelösten Stoffen dürfen nicht überschritten werden. An Brauchwasser werden nicht solch hohe Anforderungen gestellt.

**4.2** *Sie müssen eine Analyse planen und durchführen und dürfen dabei höchstens zwei Nachweismittel benutzen. Die Beobachtungen können in Form einer Tabelle aufgenommen werden.*

– **Planung:**
  Proben der drei Lösungen werden mit Universalindikator-Lösung versetzt. Eine Lösung müsste sich grün färben. Das wäre dann Kaliumchlorid-Lösung. Die beiden anderen Lösungen färben sich rot, das sind die Säure-Lösungen. Zur Unterscheidung dieser Lösungen ist z. B. Bariumchlorid-Lösung geeignet, die in verdünnter Schwefelsäure einen weißen Niederschlag zeigt. Die Salzsäure-Lösung bleibt klar.
  Anzufordern sind: Universalindikator-Lösung und Bariumchlorid-Lösung

  *Variante: Zur Unterscheidung der Säure-Lösungen ist z. B. Silbernitrat-Lösung geeignet, die in verdünnter Salzsäure einen weißen Niederschlag zeigt. Die Schwefelsäure-Lösung bleibt bei der Zugabe von wenigen Tropfen der Nachweislösung klar.*
  *Anzufordern sind: Universalindikator-Lösung und Silbernitrat-Lösung.*

– Durchführung der Experimente

– **Beobachtungen:**

| Stoff | Universalindikator-Lösung | Bariumchlorid-Lösung |
|---|---|---|
| A | grün | klar |
| B | rot | klar |
| C | rot | weißer Niederschlag |

– **Auswertung:**
A ist Kaliumchlorid-Lösung, B ist Salzsäure und C ist Schwefelsäure-Lösung.

4.3 *Die Definition des chemischen Begriffes „Element" muss angewandt werden.*

– Wasser ist eine chemische Verbindung, weil es aus den beiden chemischen Elementen Wasserstoff und Sauerstoff aufgebaut ist.

– Aus dem Tafelwerk können entnommen werden: Aggregatzustand flüssig (l), molare Masse $18 \text{ g} \cdot \text{mol}^{-1}$, Dichte $1,0 \text{ g} \cdot \text{cm}^{-3}$

*weitere Angaben: Schmelztemperatur 0 °C, Siedetemperatur 100 °C.*

4.4 *Der Ansatz für die Aufgabe ist folgender: Im Text ist das Volumen des Sauerstoffs gegeben, die Reaktionsgleichung enthält die Stoffmengen von Wasser und Sauerstoff, im Tafelwerk findet man die molare Masse des Wassers, das molare Volumen für Gase ist bekannt.*

**Berechnung:**

Reaktionsgleichung: $6 \, CO_2 \; + \; 6 \, H_2O \longrightarrow C_6H_{12}O_6 \; + \; 6 \, O_2$

Gesucht: $m_1$ (Wasser)

Gegeben: $V_2$ (Sauerstoff) $= 10 \text{ L}$
$n_1 = 6 \text{ mol}$ $\quad M = 18 \text{ g} \cdot \text{mol}^{-1}$
$n_2 = 6 \text{ mol}$ $\quad V_m = 22,4 \text{ g} \cdot \text{mol}^{-1}$

**Lösung:**

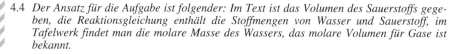

$$\frac{m_1}{V_2} = \frac{n_1 \cdot M_1}{n_2 \cdot V_m}$$

$$\frac{m_1}{10 \, \text{L}} = \frac{6 \, \text{mol} \cdot 18 \, \text{g} \cdot \text{mol}^{-1}}{6 \, \text{mol} \cdot 22,4 \, \text{L} \cdot \text{mol}^{-1}}$$

$$m_1 = \frac{6 \, \text{mol} \cdot 18 \, \text{g} \cdot \text{mol}^{-1} \cdot 10 \, \text{L}}{6 \, \text{mol} \cdot 22,4 \, \text{L} \cdot \text{mol}^{-1}}$$

$m_1 = 8,0 \text{ g}$

**Antwortsatz:** Für die Bildung von 10 Litern Sauerstoff werden 8,0 g Wasser benötigt.

_Variante:_
1 _Textanalyse:_

$$6\,CO_2 \; + \; 6\,H_2O \longrightarrow C_6H_{12}O_6 \; + \; 6\,O_2$$

with $m$ above $6\,H_2O$ and $10\,L$ above $6\,O_2$.

2 _Stoffmenge:_       $6\,mol$      $6\,mol$

3 _molare Größe:_      $\underline{18\,g \cdot mol^{-1}}$      $\underline{22{,}4\,L \cdot mol^{-1}}$

4 _Masse/Volumen:_      $108\,g$      $134{,}4\,L$

5 _Verhältnisgleichung :_

$$\frac{m}{108\,g} = \frac{10\,L}{134{,}4\,L}$$

$$m = \frac{10\,L \cdot 108\,g}{134{,}4\,L}$$

6 _Lösung und Ergebnis:_    $m = 8{,}0\,g$

7 _Antwortsatz:_ **Für die Bildung von 10 Litern Sauerstoff werden 8,0 g Wasser benötigt.**

BE

1.1 Ihnen wird folgendes Experiment demonstriert:
Einige Tropfen Salzsäure werden zu einem Magnesiumstück sowie zu einem Kupferstück gegeben.
 – Notieren Sie Ihre Beobachtung.
 – Schlussfolgern Sie, welches der Metalle zu den unedlen Metallen gehört.
 – Notieren Sie zwei weitere unedle Metalle.
 – Entwickeln Sie die Reaktionsgleichung für die chemische Reaktion von Magnesium mit Salzsäure.
 – Geben Sie eine Möglichkeit an, wie die Reaktion von Magnesium mit Salzsäure beschleunigt werden könnte.

8

1.2 Die Verwendung von Metallen beruht auf ihren Eigenschaften.
 – Notieren Sie drei charakteristische Eigenschaften aller Metalle.
 – Übernehmen und vervollständigen Sie die Tabelle.

| Metall | genutzte Eigenschaft | Verwendung |
|---|---|---|
| Aluminium | geringe Dichte | |
| Kupfer | | Draht |
| | | Schmuck |
| Eisen | | |

5

1.3 Metalle – Bau ihrer Atome
 – Zeichnen und beschriften Sie ein Modell des Natriumatoms.
 – Geben Sie das chemische Zeichen für das Natrium-Ion und das Chlorid-Ion an.
 – Notieren Sie drei Unterschiede im Bau dieser beiden Ionen.

7

1.4 Von den nachfolgend aufgeführten chemischen Zeichen und Begriffen gehören immer zwei zusammen.
 – Notieren Sie drei Paare zusammengehöriger Begriffe bzw. chemischer Zeichen.
Wasserstoff-Ion, Oxidation, Energieaufnahme, $H^+$, Hydroxid-Ion, Wasser, $OH^-$, Entzug von Sauerstoff, $H_2O$, exotherm, Reduktion, endotherm, Energieabgabe, Sauerstoffaufnahme
 – Erläutern Sie das Wesen von Redoxreaktionen mithilfe von vier geeigneten, oben aufgeführten Fachbegriffen.

5
——
25

# Lösungen

**1.1** *Im Demonstrationsexperiment wird das Verhalten von Chlorwasserstoffsäure (Salzsäure) gegenüber Magnesium und Kupfer gezeigt.*

**Demonstrationsexperiment:**
– Beobachtungen: Im Reagenzglas mit Magnesium ist ein starkes Sprudeln und Aufschäumen zu sehen und man hört es zischen; das Magnesium wird zersetzt. Im Reagenzglas mit Kupfer bleiben diese Beobachtungen aus. Es sind keine Veränderungen zu beobachten.

– Magnesium gehört zu den unedlen Metallen, da diese mit verdünnten Säuren reagieren.

– z. B. Aluminium, Zink oder Eisen, Natrium, Kalium, etc.

– $Mg + 2\,HCl \longrightarrow MgCl_2 + H_2$

– Um die chemische Reaktion zu beschleunigen, kann man beispielsweise erwärmte Chlorwasserstoffsäure verwenden oder aber die Säure mit höherer Konzentration einsetzen.

**1.2** *Ausgehend von den allgemeinen Eigenschaften der Metalle sollen Sie den Zusammenhang zwischen den Eigenschaften und der Verwendung von Stoffen aufzeigen.*

– z. B. gute elektrische Leitfähigkeit, gute Wärmeleitfähigkeit, metallischer Glanz, fester Aggregatzustand (Ausnahme: Quecksilber), Verformbarkeit

– mögliche Eintragungen in die Tabelle:

| Metall | genutzte Eigenschaft | Verwendung |
|--------|---------------------|------------|
| Aluminium | geringe Dichte | *Flugzeugbau* |
| Kupfer | *elektrische Leitfähigkeit* | Draht |
| *Gold* | *Glanz* | Schmuck |
| Eisen | *fest* | *Brückenbau* |

*Die Ergänzungen in der letzten Zeile müssen in einem logischen Zusammenhang stehen.*

**1.3** *Wenn es auch in der Aufgabenstellung nicht deutlich gefordert ist, sollten Sie das Elektronenschalenmodell des Natriumatoms zeichnen und beschriften.*

– **Elektronenschalenmodell:**

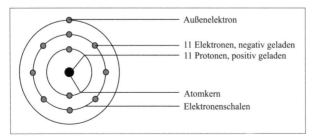

Außenelektron

11 Elektronen, negativ geladen
11 Protonen, positiv geladen

Atomkern
Elektronenschalen

– Natrium-Ion: $Na^+$; Chlorid-Ion: $Cl^-$

– Das Natrium-Ion hat 11 Protonen, das Chlorid-Ion 17; die Elektronenzahl beträgt beim Natrium-Ion 10, beim Chlorid-Ion 18. Das Natrium-Ion verfügt über zwei besetzte Elektronenschalen, beim Chlorid-Ion sind es drei.

1.4 *Die folgenden Paare zusammenhängender Begriffe können Sie bilden, laut Aufgabenstellung reichen aber drei Paare aus.*

– Die folgenden Begriffe gehören zusammen:

| | |
|---|---|
| Wasserstoff-Ion | $H^+$ |
| Oxidation | Sauerstoffaufnahme |
| Energieaufnahme | endotherm |
| Hydroxid-Ion | $OH^-$ |
| Wasser | $H_2O$ |
| Entzug von Sauerstoff | Reduktion |
| Energieabgabe | exotherm |

*Versuchen Sie die angegebenen Begriffe wörtlich zu verwenden.*

– Bei einer Redoxreaktion finden Oxidation und Reduktion gleichzeitig statt. Es erfolgen eine Sauerstoffaufnahme und der Entzug von Sauerstoff.

BE

2.1 Unsere Ernährung soll gesund und vielseitig sein. Das bedeutet unter anderem, dass in unserer Nahrung alle lebensnotwendigen Nährstoffe, d. h. Fette, Eiweiße, Kohlenhydrate sowie die Zusatzstoffe im richtigen Verhältnis enthalten sein müssen.
Drei Lebensmittelverpackungen für Schweinekotelett, Forelle und Spaghetti enthalten für jeweils 100 g Inhalt folgende Angaben:

A

| Eiweiß | 19,2 g |
|---|---|
| Kohlenhydrate | 0,0 g |
| Fett | 2,1 g |

B

| Eiweiß | 12,5 g |
|---|---|
| Kohlenhydrate | 75,2 g |
| Fett | 1,2 g |

C

| Eiweiß | 15,2 g |
|---|---|
| Kohlenhydrate | 0,0 g |
| Fett | 30,6 g |

– Ordnen Sie diese drei Lebensmittelverpackungen den genannten Lebensmitteln zu.
– Begründen Sie Ihre Entscheidung an einem Beispiel.
– Notieren Sie zwei weitere Stoffe, die neben den Nährstoffen in unseren Lebensmitteln enthalten sein können.
– Geben Sie die Bedeutung eines dieser Stoffe an.

5

2.2 **Experiment**
Frau K. kocht aus ihren geernteten Äpfeln Apfelmus. Ihre Tochter Paula überlegt, welche Nährstoffe nach dem Kochen in dem Apfelmus noch enthalten sind. Paula vermutet Stärke und Glucose.
Überprüfen Sie experimentell, ob die Vermutung von Paula stimmt.
– Planen Sie Ihr experimentelles Vorgehen und legen Sie den Plan dem Lehrer vor.
– Führen Sie die Experimente durch.
– Notieren Sie Ihre Beobachtungen und werten Sie diese aus.
– Schlussfolgern Sie, ob die Vermutung von Paula zutrifft.

9

2.3 Die Fotosynthese ist die Grundlage für die Bildung von Kohlenhydraten.
– Berechnen Sie das Volumen an Kohlenstoffdioxid, das benötigt wird, um 45 g Glucose zu bilden.

$$6 \, CO_2 \; + \; 6 \, H_2O \longrightarrow C_6H_{12}O_6 \; + \; 6 \, O_2$$

4

2.4 Olivenöl enthält mehrfach ungesättigte Fettsäuren.
– Geben Sie den Unterschied im Bau von gesättigten und ungesättigten Verbindungen an.
– Beschreiben Sie den Nachweis ungesättigter Verbindungen.

3

2.5 Die Grundbausteine der Eiweiße sind die Aminosäuren.

– Entscheiden und begründen Sie, welche der abgebildeten Strukturformeln eine Aminosäure darstellt.

a)

$$H_2N - \overset{\overset{\displaystyle H}{|}}{\underset{\underset{\displaystyle H}{|}}{C}} - COOH$$

b)

$$H_3C - \overset{\overset{\displaystyle H}{|}}{\underset{\underset{\displaystyle OH}{|}}{C}} - COOH$$

Eiweiße sind sehr empfindliche Stoffe.

– Geben Sie zwei Einflussfaktoren an, die zur Veränderung der Eiweißstrukturen (z. B. Denaturierung) führen.

$\dfrac{4}{25}$

# Lösungen

**2.1** *Anhand der Zusammensetzung von Lebensmitteln müssen Sie eine Zuordnung treffen.*

– A: Forelle; B: Spaghetti; C: Schweinekotelett

– z. B. Spaghetti werden überwiegend aus Stärke hergestellt, Stärke ist ein Kohlenhydrat; in der Tabelle weist der Stoff B einen hohen Kohlenhydratanteil auf.
*alternativ:*
Im Tafelwerk gibt es eine Übersicht über Nahrungsmittel. Die Angaben von A stimmen mit den Werten für „Forelle" überein.

– Wasser, Mineralstoffe oder Zusatzstoffe, Vitamine, etc.

– z. B. Wasser ist das Lösungsmittel für die Mineralstoffe,Vitamine erhöhen die Widerstandsfähigkeit des Organismus, etc.

**2.2** *Der Plan für das Experiment sollte die Nachweismittel, die erwarteten Effekte, notwendige Geräte und wesentliche experimentelle Tätigkeiten enthalten.*

– **Versuchsplanung:** Stärke lässt sich mit Iod-Kaliumiodid-Lösung nachweisen. Es müsste eine dunkelblaue Färbung erfolgen. Glucose (Traubenzucker) kann mit Fehlingscher Lösung nachgewiesen werden. Dazu sind Fehlingsche Lösung I und II so zu mischen, dass eine klare, tiefblaue Lösung entsteht. Diese wird mit der zu untersuchenden Substanz versetzt und dann vorsichtig erhitzt. Wenn Glucose enthalten ist, fällt ein ziegelroter Niederschlag aus. Benötigt werden neben den genannten Nachweismitteln 3 Reagenzgläser, Reagenzglashalter und -ständer, Brenner, Streichhölzer, Schutzbrille.

– Durchführung der Experimente

– **Beobachtungen und Auswertungen:**
**1. Reagenzglas:** Mit Iod-Kaliumiodid-Lösung erfolgt eine Dunkelblau- bis Schwarzfärbung. Es ist Stärke enthalten.
**2. Reagenzglas:** Beim Kochen mit Fehlingscher Lösung entsteht ein ziegelroter Niederschlag. Es ist Glucose enthalten.

– Da beide Nachweise positiv verlaufen, ist die Vermutung von Paula richtig.

*Je nach der Zusammensetzung des Apfelmuses kann evtl. ein Nachweis auch negativ ausfallen. Dann sind die Beobachtungen, Auswertungen und die Schlussfolgerung entsprechend abzuändern.*

**2.3** *Im Text ist die Masse der Glucose gegeben, die Stoffmengen von Glucose und Kohlenstoffdioxid können der angegebenen Reaktionsgleichung entnommen werden. Die molaren Massen der beiden Verbindungen stehen im Tafelwerk.*

**Berechnung:**
Reaktionsgleichung: $6 CO_2 + 6 H_2O \longrightarrow C_6H_{12}O_6 + 6 O_2$

Gesucht: $V_1$ (Kohlenstoffdioxid)

Gegeben: $m_2$ (Glucose) = 45 g
$n_1 = 6$ mol   $V_m = 22{,}4$ L · mol$^{-1}$
$n_2 = 1$ mol   $M_2 = 180$ g · mol$^{-1}$

**Lösung:**

$$\frac{V_1}{m_2} = \frac{n_1 \cdot V_m}{n_2 \cdot M_2}$$

$$\frac{V_1}{45\,\text{g}} = \frac{6\,\text{mol} \cdot 22{,}4\,\text{L} \cdot \text{mol}^{-1}}{1\,\text{mol} \cdot 180\,\text{g} \cdot \text{mol}^{-1}}$$

$$V_1 = 33{,}6\,\text{L}$$

**Antwortsatz:** Um 45 g Glucose zu bilden werden 33,6 L Kohlenstoffdioxid benötigt.

*Alternativer Rechenweg*:

| | | |
|---|---|---|
| 1 Textanalyse: | $V$ | 45 g |
| | $6\,CO_2 \ + \ 6\,H_2O \ \longrightarrow$ | $C_6H_{12}O_6 \ + \ 6\,O_2$ |
| 2 Stoffmenge: | 6 mol | 1 mol |
| 3 molare Größe: | $22{,}4\,\text{L} \cdot \text{mol}^{-1}$ | $180\,\text{g} \cdot \text{mol}^{-1}$ |
| 4 Volumen/Masse: | 134,4 L | 180 g |

5 Verhältnisgleichung : $\dfrac{V}{134{,}4\,\text{L}} = \dfrac{45\,\text{g}}{180\,\text{g}}$

6 Lösung und Ergebnis: $V = 33{,}67\,\text{L}$

7 Antwortsatz: Um 45 g Glucose zu bilden werden 33,6 L Kohlenstoffdioxid benötigt.

2.4 *Sie müssen den Unterschied zwischen gesättigten und ungesättigten Fettsäuren verallgemeinern und den Nachweis beschreiben.*

– Gesättigte Verbindungen besitzen nur Einfachbindungen zwischen den Kohlenstoffatomen im Molekül, ungesättigte Verbindungen dagegen auch Zweifach- oder Dreifachbindungen.

– Man gibt Bromwasser, welches eine bräunliche Farbe hat, dazu. Beim Schütteln entfärbt sich das Bromwasser, wenn ungesättigte Verbindungen enthalten sind.

2.5 *Anhand der vorgegebenen Strukturformeln müssen Sie eine Aminosäure erkennen und Ihr Wissen über Eiweiße anwenden.*

– Das Beispiel a ist eine Aminosäure, da als Strukturmerkmal die Carboxylgruppe und die Aminogruppe vorhanden sind.

*alternativ:*
Im Tafelwerk steht der Name 2-Aminoethansäure, der zur Strukturformel a gehört. Das bestätigt die Entscheidung, dass es sich bei Beispiel a um eine Aminosäure handelt.

– Durch Erhitzen oder das Versetzen mit Ethanol (einer Säure, einem Schwermetallsalz, Formalin) werden die Eiweißstrukturen verändert.

BE

3.1 Konservierungsstoffe, Haushaltreiniger, Waschmittel oder auch Brennstoffe gehören zu unserem Alltag. Kochsalz, Brennspiritus, Essig, Seife, Butan und Natronlauge sind solche Stoffe.

- Erstellen Sie eine Tabelle, die für drei der genannten Stoffe folgende Angaben enthält: Formel, Stoffklasse, Art der Teilchen, aus denen diese Stoffe aufgebaut sind und eine Verwendungsmöglichkeit.                7

3.2 Die Anwendung von Haushaltchemikalien ist nicht immer problemlos. Das Etikett eines handelsüblichen Backofenreinigers ist deshalb mit folgenden Gefahrstoffsymbolen versehen.

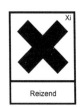

- Stellen Sie drei Verhaltensregeln zum sachgerechten Umgang mit Stoffen auf, die so gekennzeichnet sind.

Bei der Herstellung von Laugengebäck sorgt die Verwendung von 3 %iger Natronlauge für die braune Färbung und den typischen Geschmack.

- Begründen Sie, warum dieses Gebäck trotzdem sorglos gegessen werden kann.                5

3.3 **Experiment**
Sie erhalten drei mit A, B, und C gekennzeichnete Reagenzgläser, in denen sich verdünnte Lösungen von Haushaltchemikalien befinden. Dabei handelt es sich um Lösungen eines Rohrreinigers, eines Glasreinigers bzw. eines Badreinigers, der für die Beseitigung von Kalkablagerungen geeignet ist.
Ermitteln Sie, in welchem Reagenzglas sich welche Stoffprobe befindet.

- Planen Sie ein geeignetes Experiment, indem Sie dazu ein Protokoll nach folgenden Gesichtspunkten anfertigen: Aufgabe, Geräte und Chemikalien, Durchführung, Beobachtung und Auswertung.

- Legen Sie das vorbereitete Protokoll dem Lehrer vor, führen Sie das Experiment durch und vervollständigen Sie Ihr Protokoll                7

3.4 Besonders hartnäckige Mörtelanhaftungen an Fliesen können mithilfe von verdünnter Salzsäure behandelt werden. Dabei läuft folgende chemische Reaktion ab.

$$CaCO_3 + 2\,HCl \longrightarrow CO_2 + H_2O + CaCl_2$$

- Berechnen Sie das Volumen von Kohlenstoffdioxid, das bei der Entfernung von 20 g Calciumcarbonat entsteht.

Mörtel enthält unter anderem Löschkalk (Calciumhydroxid). Dieser wird aus Branntkalk (Calciumoxid) hergestellt.

- Entwickeln Sie für diese chemische Reaktion die Reaktionsgleichung.                $\underline{6}$

$25$

3.1  *Beachten Sie, dass Sie eine Tabelle erstellen sollen und wählen Sie drei Stoffe überlegt aus.*

| Stoff | Kochsalz | Butan | Natronlauge |
|---|---|---|---|
| Formel | NaCl | $C_4H_{10}$ | NaOH |
| Stoffklasse | Ionensubstanz | Molekülsubstanz | Ionensubstanz |
| Art der Teilchen | Ionen | Moleküle | Ionen |
| Verwendung | Würzmittel | Feuerzeuggas | Abflussreiniger |

| Stoff | Brennspiritus | Essig |
|---|---|---|
| Formel | $C_2H_5OH$ | $CH_3COOH$ |
| Stoffklasse | Molekülsubstanz | Molekülsubstanz |
| Art der Teilchen | Moleküle | Moleküle |
| Verwendung | Brennstoff | Konservierungsstoff |

3.2  *Ausgehend von den Eigenschaften von Gefahrstoffen müssen Sie Schlussfolgerungen für den Umgang mit diesen Substanzen ziehen.*

– Nicht mit offenen Flammen in Kontakt bringen. Schutzhandschuhe tragen. Berührungen mit Haut, Augen und Atmungsorganen vermeiden.

– Laugengebäck kann gegessen werden, da nur geringe Mengen an stark verdünnter Natronlauge zum Einsatz kommen. Das Gebäck wird nur eingetaucht und der überwiegende Teil tropft wieder ab.

*Wissenschaftliche Erklärung: Durch den Backvorgang wird Kohlenstoffdioxid als Triebmittel freigesetzt. Mit der Natronlauge erfolgt eine teilweise Neutralisation. sodass die Ätzwirkung aufgehoben wird.*

3.3  *Halten Sie sich beim Erstellen des Protokolls an die geforderte Gliederung.*

**Protokoll:**

Aufgabe:  Den Reagenzgläsern A, B und C sollen die Stoffe Rohrreiniger, Glasreiniger und Badreiniger zugeordnet werden.

Geräte:  Reagenzgläser, Reagenzglasständer

Chemikalien:  Stoffe A, B und C, Universalindikator (Unitest-Lösung)

Beobachtungen:

Auswertung:

**Experiment:**

*Nach dem Experiment muss das Protoll noch vervollständigt werden.*

Beobachtungen: Beim Zutropfen von Universalindikator-Lösung zeigen sich folgende Farben:
Reagenzglas A: Grünfärbung; Reagenzglas B: Rotfärbung; Reagenzglas C: Blaufärbung

Auswertung: Reagenzglas A: Glasreiniger
Reagenzglas B: Badreiniger
Reagenzglas C: Rohrreiniger

*Die expliziten Beobachtungen hängen von den konkreten Haushaltchemikalien ab. Die Zuordnung kann unter Umständen nicht eindeutig sein.*

3.4 *Im Text ist die Masse des Calciumcarbonats gegeben, die Reaktionsgleichung enthält die Stoffmengen von Calciumcarbonat und Kohlenstoffdioxid. Dem Tafelwerk können die molaren Massen der Stoffe entnommen werden.*

– **Berechnung:**
Reaktionsgleichung: $CaCO_3 + 2\,HCl \longrightarrow CO_2 + H_2O + CaCl_2$
Gesucht: $V_1$ (Kohlenstoffdioxid)
Gegeben: $m_2$ (Calciumcarbonat) = 20 g
$n_1 = 1$ mol $\quad V_m = 22{,}4$ L · $mol^{-1}$
$n_2 = 1$ mol $\quad M_2 = 100$ g · $mol^{-1}$

**Lösung:**

$$\frac{V_1}{m_2} = \frac{n_1 \cdot V_m}{n_2 \cdot M_2}$$

$$\frac{V_1}{20\,g} = \frac{1\,mol \cdot 22{,}4\,L \cdot mol^{-1}}{1\,mol \cdot 100\,g \cdot mol^{-1}}$$

$$V_1 = 4{,}48\,L$$

**Antwortsatz:** Beim Entfernen von 20 g Calciumcarbonat entstehen ca. 4,5 L Kohlenstoffdioxid.

*Alternativer Rechenweg:*

1 Textanalyse: $\qquad$ 20 g $\qquad\qquad\qquad\qquad$ V
$\qquad\qquad\qquad\quad CaCO_3 + 2\,HCl \longrightarrow CO_2 + H_2O + CaCl_2$

2 Stoffmenge: $\qquad$ 1 mol $\qquad\qquad\qquad\qquad$ 1 mol

3 molare Größe: $\qquad$ 100 g · $mol^{-1}$ $\qquad\qquad\quad$ 22,4 L · $mol^{-1}$

4 Masse/Volumen: $\qquad$ 100 g $\qquad\qquad\qquad\quad$ 22,4 L

5 Verhältnisgleichung: $\dfrac{20\,g}{100\,g} = \dfrac{V}{22{,}4\,L}$

6 Lösung und Ergebnis: $V = 4{,}48$ L

7 Antwortsatz: Beim Entfernen von 20 g Calciumcarbonat entstehen ca. 4,5 L Kohlenstoffdioxid.

– $CaO + H_2O \longrightarrow Ca(OH)_2$

BE

### 4.1 Experiment

Sie erhalten in mit A und B gekennzeichneten Reagenzgläsern zwei reine Stoffe, die beide das Element Kohlenstoff enthalten.

Ermitteln Sie, welche Stoffe in mit A und B gekennzeichneten Reagenzgläsern enthalten sein könnten, indem Sie folgende Experimente durchführen:

a) Bestimmen Sie mit ihren Sinnen jeweils drei Eigenschaften dieser Stoffe.

b) Überprüfen Sie in einer Abdampfschale die Brennbarkeit für den Stoff im Reagenzglas A.

c) Versetzen Sie den Stoff im Reagenzglas B mit Salzsäure.

– Notieren Sie Ihre Beobachtungen für die Experimente a), b) und c).

– Geben Sie Name und Formel der Stoffe an, die in den Reagenzgläsern A und B enthalten sein könnten und begründen Sie Ihre Entscheidung.      8

### 4.2 Eine weitere Verbindung des Kohlenstoffs entsteht bei seiner vollständigen Verbrennung.

$$C + O_2 \longrightarrow CO_2$$

– Berechnen Sie, welche Masse an Kohlenstoff mit Sauerstoff reagiert, wenn 1,5 Liter Kohlenstoffdioxid entstehen.      4

### 4.3 Methan ist Hauptbestandteil von Erdgas und dient hauptsächlich der Energiegewinnung.

– Entwickeln Sie die Reaktionsgleichung für die vollständige Oxidation von Methan.

– Geben Sie an, aus welcher Teilchenart Methan aufgebaut ist und beschreiben Sie ein Teilchen.      5

### 4.4 Lesen Sie den Text „Fußbälle aus Kohlenstoffatomen" und bearbeiten Sie die folgenden Aufgaben:   *Rückseite*

– Notieren Sie die drei Erscheinungsformen des Kohlenstoffes.

– Stellen Sie für die drei Erscheinungsformen des Kohlenstoffes zwei Eigenschaften, die im Text aufgeführt wurden, gegenüber.

– Erläutern Sie das große Interesse der Wissenschaftler an dem nach einem amerikanischen Architekten benannten Molekül.      $\frac{8}{25}$

# Fußbälle aus Kohlenstoffatomen

Kohlenstoff ist ein erstaunlich vielseitiges Element. Er kommt als weicher, schwarzer Graphit und als extrem harter, farbloser Diamant vor. Die gegensätzlichen Eigenschaften dieser Stoffe lassen sich auf die jeweils unterschiedlichen Verknüpfungen der Kohlenstoffatome zurückführen.

Doch das ist noch nicht alles, was dieses Element zu bieten hat. Seit einigen Jahren beschäftigt viele Forscher nämlich noch eine weitere, eine dritte Erscheinungsform (Modifikation) des festen Kohlenstoffs. Es sind braun-schwarze Kristalle, die aus kugelförmigen Kohlenstoffmolekülen aufgebaut sind. Diese Moleküle sind das eigentlich Sensationelle an dieser neuen Form des Kohlenstoffs. Sie bestehen im Idealfall aus genau 60 Kohlenstoffatomen ($C_{60}$). Diese sind zu 20 regelmäßigen Sechsecken und 12 Fünfecken verknüpft und bilden so ein fast perfekt rundes, käfigartig hohles Gebilde.

Nach dem in Amerika sehr bekannten Architekten Buckminster Fuller, der nach dem gleichen Bauprinzip große Hallen konstruiert hat, werden diese Moleküle Fullerene genannt.

Solche geometrischen Formen sind uns übrigens auch aus dem Alltag bekannt. Fußbälle, die ja auch möglichst perfekt rund sein sollen, sind entsprechend aus sechseckigen und fünfeckigen Lederstücken zusammengenäht.

Im Jahr 1990 hatten Physiker vom Max-Planck-Institut in Heidelberg aus Graphit im Lichtbogen zum ersten Mal Fullerene hergestellt. Den Anstoß zu dieser Entdeckung hatten Astrochemiker gegeben, die schon längere Zeit solche Kohlenstoffmoleküle im Weltall vermutet hatten. Inzwischen können die Fullerene bereits in größeren Mengen hergestellt werden.

Die Chemiker hat ein wahres „Fulleren-Fieber" gepackt, denn Fullerene haben einige bemerkenswerte Eigenschaften. Sie lösen sich im Unterschied zu Diamant und Graphit in organischen Lösungsmitteln. Ins Innere der Kugelmoleküle können Teilchen anderer Stoffe eingebracht werden. Durch den Einbau von Metall- und Nichtmetallatomen können unterschiedliche Eigenschaften hervorgerufen werden, wie z. B. Supraleitfähigkeit, Magnetismus (ohne Eisen) und Gleitfähigkeit. Verschiedene Möglichkeiten zur Verwendung als Katalysator, Schmiermittel, Halbleiter und Supraleiter sind Gegenstand der Forschung. Einen Einsatz findet das $C_{60}$-Molekül zum Beispiel in Anti-Aging-Cremes. Aufgrund seiner elektrischen Eigenschaften kann es extrem viele Radikale aufnehmen und binden. Diese sollen für den Alterungsprozess der Haut mitverantwortlich sein.

Es wird auch an einem Verfahren gearbeitet, künstliche Diamanten aus Fullerenen herzustellen. Bisher werden Industriediamanten noch unter extrem hohem Druck und hoher Temperatur aus Graphit hergestellt.

# Lösungen

4.1 *Sie müssen ein vorgegebenes Experiment durchführen und auswerten. Beachten Sie dabei, dass im Aufgabenteil a sinnlich wahrnehmbare Eigenschaften genannt werden müssen.*

- **Beobachtungen:**
  a Reagenzglas A: flüssig, farblos, charakteristischer, alkoholartiger Geruch
  Reagenzglas B: fest, weiß, pulvrig
  b Der Stoff A ist brennbar. Er brennt mit fahler Flamme.
  c Beim Versetzen mit Salzsäure schäumt Stoff B auf. Er wird zersetzt.

- **Reagenzglas A**: Es könnte Ethanol sein; Formel: $C_2H_5OH$. Ethanol ist brennbar und hat den typischen Geruch.

  **Reagenzglas B**: Es könnte ein Carbonat sein, z. B. Magnesiumcarbonat $MgCO_3$, da Carbonate durch Säuren zersetzt werden.

4.2 *Im Text ist das Volumen von Kohlenstoffdioxid gegeben, die Reaktionsgleichung enthält die Stoffmengen von Kohlenstoff und Kohlenstoffdioxid. Dem Tafelwerk kann man die molaren Massen der Stoffe entnehmen.*

**Berechnung:**
Reaktionsgleichung: $C + O_2 \longrightarrow CO_2$
Gesucht: $m_1$ (Kohlenstoff)
Gegeben: $V_2$ (Kohlenstoffdioxid) = 1,5 L
$n_1 = 1$ mol $\qquad M_1 = 12$ g $\cdot$ mol$^{-1}$
$n_2 = 1$ mol $\qquad V_m = 22,4$ L $\cdot$ mol$^{-1}$

**Lösung:**
$$\frac{m_1}{V_2} = \frac{n_1 \cdot M_1}{n_2 \cdot V_m}$$

$$\frac{m_1}{1,5\,\text{L}} = \frac{1\,\text{mol} \cdot 12\,\text{g} \cdot \text{mol}^{-1}}{1\,\text{mol} \cdot 22,4\,\text{L} \cdot \text{mol}^{-1}}$$

$$m_1 = 0,8\,\text{g}$$

**Antwortsatz:** Wenn 1,5 L Kohlenstoffdioxid entstanden sind, so wurden 0,8 g Kohlenstoff verbrannt.

*Alternativer Rechenweg:*

| | | |
|---|---|---|
| 1 Textanalyse: | $m$ | 1,5 L |
| | $C + O_2 \longrightarrow$ | $CO_2$ |
| 2 Stoffmenge: | 1 mol | 1 mol |
| 3 molare Größe: | 12 g $\cdot$ mol$^{-1}$ | 22,4 L $\cdot$ mol$^{-1}$ |
| 4 Masse/Volumen: | 12 g | 22,4 L |

5 Verhältnisgleichung: $\dfrac{m}{12\,\text{g}} = \dfrac{1,5\,\text{L}}{22,4\,\text{L}}$

6 Lösung und Ergebnis: $m = 0,8$ g

7 Antwortsatz: Wenn 1,5 L Kohlenstoffdioxid entstanden sind, so wurden 0,8 g Kohlenstoff verbrannt.

**4.3** *Zur Lösung der Aufgabe müssen Sie wissen, welcher Stoff zur Oxidation von Methan benötigt wird und welche Reaktionsprodukte bei einer vollständigen Oxidation entstehen.*

- $CH_4 + 2 O_2 \longrightarrow CO_2 + 2 H_2O$

- Methan ist aus Molekülen aufgebaut. Ein Kohlenstoffatom ist dabei mit vier Wasserstoffatomen durch jeweils ein gemeinsames Elektronenpaar verbunden.

**4.4** *In dem Text müssen Sie die treffenden Antworten auf die gestellten Fragen finden.*

- Die drei Erscheinungsformen des Kohlenstoffes sind Diamant, Graphit und Fullerene.

|  | Diamant | Graphit | Fullerene |
|---|---|---|---|
| Farbe | farblos | schwarz | braun-schwarz |
| Löslichkeit in org. Lösungsmitteln | nicht löslich | nicht löslich | löslich |

- Durch Einbau von Fremdatomen können Stoffe mit gezielten Eigenschaften hergestellt werden: Supraleitfähigkeit, Magnetismus, Gleitfähigkeit. Solche Stoffe können als Katalysatoren, Schmiermittel, Halbleiter und Supraleiter eingesetzt werden.

BE

1.1 Ihnen werden folgende Experimente demonstriert:
In zwei Gasentwicklern (A und B) wird Calciumcarbonat mit je 10 mL Salzsäure unterschiedlicher Konzentration zur Reaktion gebracht.
Es wird jeweils die Zeit für die Entstehung von 50 mL des gasförmigen Reaktionsproduktes gemessen.

– Notieren Sie Ihre Beobachtungen.

– Schlussfolgern Sie, anhand Ihrer Beobachtungen, in welchem der beiden Gasentwickler A oder B sich die Salzsäure mit der höheren Konzentration befindet.

– Formulieren Sie einen Zusammenhang zwischen der Bildung von 50 mL des gasförmigen Reaktionsproduktes und der Reaktionsgeschwindigkeit.

– Geben Sie Name und Formel des gasförmigen Reaktionsproduktes an.                    6

1.2 Der Verlauf chemischer Reaktionen kann durch Änderung weiterer Reaktionsbedingungen beeinflusst werden.
Das Diagramm veranschaulicht den Verlauf einer chemischen Reaktion mit bzw. ohne Katalysator.

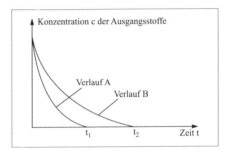

– Notieren Sie, welche der beiden Kurven für die chemische Reaktion mit Katalysator zutrifft und begründen Sie Ihre Entscheidung.

– Erläutern Sie den Einsatz von Katalysatoren unter einem wirtschaftlichen oder umweltrelevanten Gesichtspunkt.                    4

1.3 Die chemische Reaktion von Magnesium mit Schwefelsäure wird bei 25 °C und bei 60 °C durchgeführt. Alle anderen Reaktionsbedingungen bleiben unverändert.

– Entscheiden Sie, welche der folgenden Aussagen falsch ist.

– Berichtigen Sie diese.

a) Bei 25 °C entsteht das gleiche Volumen Wasserstoff eher als bei 60 °C.

b) Bei 60 °C wird für die Bildung von 100 mL Wasserstoff weniger Zeit benötigt als bei 25 °C.

c) Bei 25 °C wird in gleicher Zeit ein geringeres Volumen Wasserstoff gebildet als bei 60 °C.

– Entwickeln Sie die Reaktionsgleichung für die chemische Reaktion von Magnesium mit Schwefelsäure.                    4

1.4 Wasserstoff ist das häufigste Element unseres Universums. Es wurde 1766 vom englischen Chemiker und Physiker Henry Cavendish entdeckt.

 – Leiten Sie aus der Stellung des Elementes Wasserstoff im Periodensystem der Elemente drei Aussagen über den Bau eines Wasserstoffatoms ab.

 – Geben Sie die Art der Teilchen an, die durch die chemischen Zeichen H, $H^+$ und $H_2$ beschrieben werden.

 – Notieren Sie Name und Formel von zwei chemischen Verbindungen, die das Element Wasserstoff enthalten.

Im Labor soll Wasserstoff durch Luftverdrängung aufgefangen werden.

 – Entscheiden und begründen Sie, welche der folgenden Möglichkeiten dafür geeignet ist.

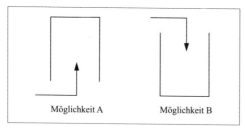

Möglichkeit A          Möglichkeit B

 – Notieren Sie zwei weitere, mit den Sinnesorganen wahrnehmbare Eigenschaften von Wasserstoff.

$\dfrac{11}{25}$

# Lösungen

1.1 *In einem Gasentwickler A wird Calciumcarbonat (Marmor) zunächst mit 10 mL 1 %iger Chlorwasserstoffsäure (Salzsäure) zur Reaktion gebracht. Es wird die Zeit gemessen bis 50 mL des gasförmigen Reaktionsproduktes entstanden sind. Im Anschluss wird der Versuch mit 10 mL 5 %iger Salzsäure wiederholt (Gasentwickler B). Es wird ebenfalls die Zeit zur Herstellung von 50 mL Gas gemessen.*

- **Beobachtungen:** Bei beiden Versuchen ist eine Gasentwicklung zu beobachten. Die gemessene Zeit bei der Versuchsdurchführung A betrug 2 min 19 sec und bei der Versuchsdurchführung B 50 sec.

*Achten Sie bei der Beantwortung der Frage auf den Operator „Schlussfolgern".*

- Weil bei Versuch B die Reaktionszeit kürzer war, wurde hier die höher konzentrierte Säure eingesetzt.

*Die Aufgabenstellung ist kompliziert formuliert. Beide der folgenden Formulierungen wären denkbar und würden den angesprochenen Sachverhalt richtig wiedergeben.*

- Die Bildung von 50 mL des gasförmigen Reaktionsproduktes verläuft bei höherer Reaktionsgeschwindigkeit schneller.
*alternativ:*
Bei höherer Konzentration der Säure werden 50 mL des Reaktionsproduktes mit höherer Reaktionsgeschwindigkeit gebildet.

- Kohlenstoffdioxid, $CO_2$

1.2 *Beachten Sie, dass Sie Ihre Entscheidung auch begründen müssen.*

- Die **Kurve A** stellt den Verlauf mit Katalysator dar, weil die Kurve steiler abfällt.
*alternativ:*
Kürzere Reaktionszeit $t_1$ bei Verlauf A.

*Sie können zwischen einem umweltrelevanten oder wirtschaftlichen Gesichtspunkt auswählen.*

- In Kraftfahrzeugen wandelt ein Katalysator umweltbelastende, giftige Abgase wie z. B Kohlenstoffmonooxid, Stickstoffoxide u. a. in umweltverträgliche, nicht giftige Stoffe (z. B. Kohlenstoffdioxid, Stickstoff) um.
*alternativ:*
Mithilfe eines Katalysators wird beim Kontaktverfahren in kürzerer Zeit mehr Schwefeldioxid in Schwefeltrioxid umgewandelt. Das ist ökonomisch günstig für die Schwefelsäureproduktion.

1.3 *Lesen Sie alle drei Aussagen sehr genau durch.*

- **Antwort a)** ist falsch.
- **Berichtigung der Aussage:**
Bei 25 °C entsteht das gleiche Volumen Wasserstoff später als bei 60 °C.
*alternativ:*
Bei 60 °C entsteht das gleiche Volumen Wasserstoff eher als bei 25 °C.

- Reaktionsgleichung: $Mg + H_2SO_4 \longrightarrow MgSO_4 + H_2$

✐ 1.4 *Beachten Sie den Operator „Ableiten"*

- Im Periodensystem hat das Element Wasserstoff die **Ordnungszahl 1**, deshalb hat das Wasserstoffatom ein Proton im Atomkern und ein Elektron in der Atomhülle. Das Element Wasserstoff ist in die **I. Hauptgruppe** eingeordnet, deshalb hat das Atom ein Außenelektron. Aus der Einordnung in die **1. Periode** folgt, dass das Atom eine besetzte Elektronenschale hat.

- H:   Wasserstoffatom
  $H^+$: Wasserstoff-Ion
  $H_2$: Wasserstoffmolekül

- Mögliche Verbindungen:
  Wasser ($H_2O$); Schwefelsäure ($H_2SO_4$)

  *alternativ:*
  Ethan ($C_2H_6$); Chlorwasserstoff (HCl)

- **Möglichkeit A** ist geeignet, weil Wasserstoff eine geringere Dichte als Luft hat.

- Mit den Sinnesorganen kann man feststellen, dass Wasserstoff farblos und geruchlos ist.

BE

2.1 Zur Herstellung von Kalkmörtel ist es zunächst erforderlich, den in der Natur vor-
kommenden Kalkstein abzubauen und auf etwa 1 000 °C zu erhitzen.
Im Kalkschachtofen laufen zwei Reaktionen ab. An diesen sind folgende Stoffe beteiligt:
Branntkalk (CaO), Koks (C), Luft, Kalkstein ($CaCO_3$), Kohlenstoffdioxid ($CO_2$).

– Übernehmen Sie die Skizze vom Modell eines Kalkschachtofens in Ihre Arbeit
und vervollständigen Sie diese mit den oben aufgeführten Stoffen.

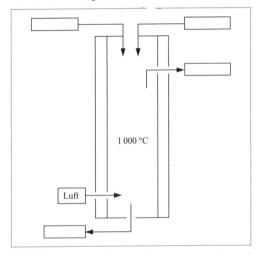

– Entwickeln Sie die Wort- und Reaktionsgleichung für das Kalkbrennen.
– Begründen Sie, warum im Kalkschachtofen Koks (C) eingesetzt wird.          9

2.2 **Experiment** (Schutzbrille!)
Kalkmörtel ist ein Gemisch aus Calciumhydroxid, Sand und Wasser.
Weisen Sie experimentell nach, dass nur eine der beiden Stoffproben A oder B als
Ausgangsstoff zur Herstellung von Kalkmörtel geeignet ist.

– Planen Sie Ihr experimentelles Vorgehen und legen Sie den Plan dem Lehrer
vor.
– Führen Sie das Experiment durch und notieren Sie Ihre Beobachtungen.
– Werten Sie Ihre Beobachtungen aus.
– Begründen Sie, warum bei diesem Experiment unbedingt eine Schutzbrille ver-
wendet werden muss.          7

2.3 Kalkmörtel reagiert mit dem Kohlenstoffdioxid der Luft.
– Berechnen Sie das Volumen an Kohlenstoffdioxid, das mit 15 kg Löschkalk (Ca(OH)$_2$) reagiert.

$$Ca(OH)_2 \ + \ CO_2 \ \longrightarrow \ CaCO_3 \ + \ H_2O$$

4

2.4 Chemische Reaktionen sind die Grundlage für weitere chemisch-technische Verfahren.
– Geben Sie ein weiteres Beispiel für ein in der Industrie durchgeführtes chemisch-technisches Verfahren an.
– Notieren Sie die dabei eingesetzten Ausgangsstoffe sowie die entstehenden Reaktionsprodukte.
– Erläutern Sie die wirtschaftliche Bedeutung eines Reaktionsproduktes.

<u>5</u>
25

## Lösungen

### 2.1 Modell eines Kalkschachtofens

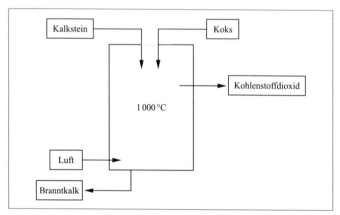

*Sie können die Wortgleichung sowohl mit den wissenschaftlichen Stoffnamen als auch mit den technischen Bezeichnungen formulieren.*

– **Wortgleichung:**

Calciumcarbonat $\longrightarrow$ Calciumoxid + Kohlenstoffdioxid

*alternativ:*

Kalkstein $\longrightarrow$ Branntkalk + Kohlenstoffdioxid

**Reaktionsgleichung:**

$$CaCO_3 \ \longrightarrow \ CaO \ + \ CO_2$$

– Zum Kalkbrennen wird eine Temperatur von ca. 1 000 °C benötigt. Die Verbrennung von Koks liefert die notwendige Wärmemenge.

2.2 *Der Plan für das Experiment sollte die Nachweismittel, die erwarteten Effekte, notwendige Geräte und wesentliche experimentelle Tätigkeiten enthalten. Die Stoffe A und B sind weiße, feste, pulverförmige Stoffe.*

- **Plan:**
  Calciumhydroxid bildet mit Wasser eine **basische** Lösung, das könnte mit Unitestlösung durch eine Blaufärbung nachgewiesen werden.
  Zur Durchführung des Experiments werden zwei Reagenzgläser, Wasser und Unitestlösung benötigt. Die Stoffproben A und B werden mit Wasser versetzt. Anschließend werden jeweils wenige Tropfen Unitestlösung zugegeben.

- **Durchführung des Experiments**

- **Beobachtungen:**
  In beiden Reagenzgläsern ergeben sich weiße Aufschlämmungen. Unitestlösung bleibt im Reagenzglas A grün, im Reagenzglas B erfolgt eine Blaufärbung.

- **Auswertung:**
  Im Reagenzglas B befindet sich eine basische Lösung, also kann dieser Stoff zur Herstellung von Kalkmörtel eingesetzt werden.

- Hydroxide haben eine ätzende Wirkung, deshalb muss aus Gründen des Arbeitsschutzes eine Schutzbrille getragen werden.

2.3 *Im Aufgabentext ist die Masse des Löschkalks gegeben, die Reaktionsgleichung enthält die Stoffmengen von Löschkalk und Kohlenstoffdioxid. Die molare Masse von Löschkalk (Calciumhydroxid) kann dem Tafelwerk entnommen werden. Das Volumen aller Gase beträgt 22,4 L · mol⁻¹.*

**Berechnung:**

Reaktionsgleichung:
$$Ca(OH)_2 + CO_2 \longrightarrow CaCO_3 + H_2O$$

Gesucht: $V_1$ (Kohlenstoffdioxid)

Gegeben: $m_2$ (Löschkalk) = 15 kg

$n_1 = 1$ mol          $V_m = 22,4$ L · mol⁻¹

$n_2 = 1$ mol          $M_2 = 74$ g · mol⁻¹

**Lösung:**

$$\frac{V_1}{m_2} = \frac{n_1 \cdot V_m}{n_2 \cdot M_2}$$

$$\frac{V_1}{15\,\text{kg}} = \frac{1\,\text{mol} \cdot 22,4\,\text{L} \cdot \text{mol}^{-1}}{1\,\text{mol} \cdot 74\,\text{g} \cdot \text{mol}^{-1}}$$

$$\frac{V_1}{15\,000\,\text{g}} = \frac{1\,\text{mol} \cdot 22,4\,\text{L} \cdot \text{mol}^{-1}}{1\,\text{mol} \cdot 74\,\text{g} \cdot \text{mol}^{-1}}$$

$$V_1 = 4\,540\,\text{L}$$

**Antwortsatz:** Mit 15 kg Löschkalk reagieren 4 540 L Kohlenstoffdioxid.

*Alternativer Rechenweg:*

1. Textanalyse:

$$\underset{\text{15 kg}}{Ca(OH)_2} + \underset{V}{CO_2} \longrightarrow CaCO_3 + H_2O$$

2. Stoffmenge: 1 mol    1 mol

3. molare Größe: $74 \text{ g} \cdot \text{mol}^{-1}$    $22{,}4 \text{ L} \cdot \text{mol}^{-1}$

4. Volumen/Masse: 74 g    22,4 L

5. Verhältnisgleichung:

$$\frac{15 \text{ kg}}{74 \text{ g}} = \frac{V}{22,4 \text{ L}}$$

$$\frac{15\,000 \text{ g}}{74 \text{ g}} = \frac{V}{22,4 \text{ L}}$$

6. Lösung und Ergebnis: $V = 4\,540 \text{ L}$

7. Antwortsatz: Mit 15 kg Löschkalk reagieren 4 540 L Kohlenstoffdioxid.

 2.4 *Wählen Sie auf Grundlage der Behandlung im Unterricht ein Ihnen bekanntes Verfahren aus: Hochofenprozess, Stahlherstellung, aluminothermisches Schweißen, alkoholische Gärung, Kontaktverfahren oder Ammoniaksynthese.*

Beispiel:               Hochofenprozess
Ausgangsstoffe:     Eisenerz, Koks, Luft, Zuschläge
Reaktionsprodukte:  Roheisen, Schlacke, Gichtgas

Aus Roheisen werden Gusseisen und Stahl hergestellt, die als Werkstoffe in vielen Bereichen der Wirtschaft, z. B. im Maschinenbau, eingesetzt werden.

*alternativ:*
Beispiel:               Ammoniaksynthese
Ausgangsstoffe:     Stickstoff, Wasserstoff
Reaktionsprodukt:   Ammoniak

Das entstehende Ammoniak wird weiterverarbeitet zu Nitraten, die z. B. als Düngemittel eingesetzt werden.

BE

3.1 Ohne Wasser wäre ein Leben auf der Erde unmöglich. Wasser hat sehr unterschiedliche Bedeutungen, es ist:

Transportmittel, Lösungsmittel, Lebensraum, Energielieferant, Ausgangsstoff, Quellungsmittel, Lebensmittel, Kühlmittel sowie Reinigungsmittel.

– Wählen Sie zwei der aufgeführten Bedeutungen aus und erläutern Sie diese an je einem konkreten Beispiel.

4

3.2 In der Stadt Leipzig wurden folgende Trinkwassermengen pro Einwohner und Tag verbraucht.

| Jahr | Wasserverbrauch im Versorgungsgebiet Leipzig (in Liter) |
|------|---------|
| 1994 | 114,4 |
| 1996 | 109,5 |
| 1998 | 101,7 |
| 2000 | 92,3 |
| 2002 | 93,2 |
| 2004 | 92,3 |
| 2006 | 89,9 |
| 2008 | 87,5 |

Quelle: Kommunale Wasserwerke Leipzig.

– Stellen Sie den Wasserverbrauch in einem Säulendiagramm graphisch dar.

– Werten Sie Ihre Darstellung aus.

– Notieren Sie zwei mögliche Gründe für den veränderten Wasserverbrauch in den vergangenen Jahren.

5

3.3 **Experiment**
Tagebausanierer im Osten Deutschlands gestalten riesige Flächen neu, darunter 51 große Gewässer. Der Zwenkauer See in der Nähe von Leipzig treibt ihnen Sorgenfalten auf die Stirn. Ohne einzugreifen, würde der pH-Wert des Gewässers nach der Flutung bei sauren 2,5 liegen.
Sie erhalten eine farblose saure Lösung mit ähnlichem pH-Wert.
Neutralisieren Sie diese Lösung bis zu einem sichtbaren Farbumschlag.

– Planen Sie Ihr experimentelles Vorgehen und legen Sie den Plan dem Lehrer vor.

– Führen Sie das Experiment durch.

– Notieren Sie Ihre Beobachtungen und werten Sie diese aus.

– Erläutern Sie das Wesen der Neutralisationsreaktion.

7

3.4 In einem chemischen Labor wurden nach der Durchführung von Experimenten die benutzten Geräte abgewaschen.

Im Waschwasser befanden sich verschiedene Ionen:

$Na^+$, $SO_4^{2-}$, $Cl^-$, $Al^{3+}$, $CH_3COO^-$, $OH^-$

– Geben Sie die Namen der oben aufgeführten Ionen an.

– Notieren Sie Name und Formel für zwei mögliche chemische Verbindungen, die im Wasser gelöst sein könnten. 5

3.5 Leitet man Wasserdampf über glühende Kohle (Kohlenstoff), so entstehen Kohlenstoffmonooxid und Wasserstoff.

$$C + H_2O \longrightarrow CO + H_2$$

– Berechnen Sie die Masse von Wasser, die zur Herstellung von 7 500 Liter Wasserstoff benötigt wird. $\underline{4}$

25

---

## Lösungen

3.1 *Wählen Sie auf der Grundlage Ihrer Kenntnisse zwei geeignete Bedeutungen aus und beachten Sie den Operator „Erläutern".*

**Lösungsmittel:** Zahlreiche Mineralien lösen sich in Wasser. Die Pflanzen nehmen über das Wasser wesentliche Nährstoffe auf, um sich entwickeln zu können.
**Energielieferant:** Durch den Bau von Talsperren können Wasserturbinen betrieben werden, die elektrischen Strom auf umweltfreundliche Art erzeugen.

3.2 *Entwerfen Sie ein Säulendiagramm. Wählen Sie geeignete Maßstäbe für die Achsen aus. Nutzen Sie für die Darstellung Millimeterpapier.*

– **Säulendiagramm:**

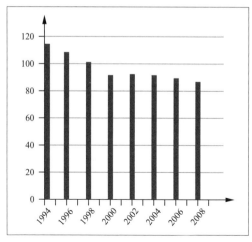

- Der durchschnittliche Wasserverbrauch hat fast durchgehend abgenommen. Von 1994 bis 2000 ist eine stärkere Änderung des Wasserverbrauchs festzustellen.
- Die Menschen haben ein stärkeres Umweltbewusstsein entwickelt. Die Verwendung von modernen Waschmaschinen und Geschirrspülautomaten führt ebenfalls zu einer Einsparung von Wasser.

  *alternativ:*
  Toiletten sind oft mit Spartasten ausgerüstet. Der angestiegene Wasserpreis veranlasst die Bürger wirtschaftlich mit Wasser umzugehen.

3.3 *Der Plan für das Experiment sollte die verwendeten Geräte, die erwarteten Effekte, notwendige Geräte und wesentliche experimentelle Tätigkeiten enthalten.*

- **Plan:**
  Die saure Lösung wird mit Universalindikator versetzt, wodurch sich eine Rotfärbung ergeben sollte. Tropfenweise wird nun eine basische Lösung hinzugegeben und das Reaktionsgemisch stets sorgfältig vermischt. Nach Zugabe einer bestimmten Menge an basischer Lösung muss sich eine grüne Färbung ergeben. Damit ist der Neutralpunkt erreicht.

- **Chemikalien und Geräte:**
  Universalindikatorlösung, basische Lösung (z. B. Natriumhydroxid-Lösung), Erlenmeyerkolben, Tropfer

- **Durchführung des Experiments**

- **Beobachtung:**
  Universalindikatorlösung färbt sich in der sauren Lösung rot. Bei Zugabe der basischen Lösung ist ein Farbumschlag von rot über gelb nach grün zu beobachten.

- **Auswertung:**

  Es ist eine neutrale Lösung entstanden.

*Sie können das Wesen der Neutralisation auf Stoff- oder Teilchenebene erläutern.*

- Bei einer Neutralisation reagieren eine saure Lösung und eine basische Lösung zu einer neutralen Lösung.

  *alternativ:*
  Bei einer Neutralisation reagieren Wasserstoff-Ionen mit Hydroxid-Ionen zu Wassermolekülen.

3.4 

| $Na^+$ | Natrium-Ion | $SO_4^{2-}$ | Sulfat-Ion | $Cl^-$ | Chlorid-Ion |
|---|---|---|---|---|---|
| $Al^{3+}$ | Aluminium-Ion | $CH_3COO^-$ | Acetat-Ion | $OH^-$ | Hydroxid-Ion |

Mögliche Verbindungen: Natriumchlorid (NaCl), Aluminiumsulfat ($Al_2(SO_4)_3$)

*alternativ:*
Natriumhydroxid (NaOH), Aluminiumchlorid ($AlCl_3$), Aluminiumhydroxid ($Al(OH)_3$)

**3.5** *Im Text ist das Volumen von Wasserstoff gegeben, die Reaktionsgleichung enthält die Stoffmengen von Wasser und Wasserstoff. Im Tafelwerk findet man die molare Masse von Wasser, das molare Volumen aller Gase beträgt 22,4 L $\cdot$ mol$^{-1}$.*

**Berechnung:**

Reaktionsgleichung:

$$C + H_2O \longrightarrow CO + H_2$$

Gesucht: $m_1$ (Wasser)

Gegeben: $V_2$ (Wasserstoff) = 7 500 L

$n_1 = 1$ mol  $\qquad M_1 = 18$ g $\cdot$ mol$^{-1}$

$n_2 = 1$ mol  $\qquad V_m = 22,4$ L $\cdot$ mol$^{-1}$

**Lösung:**

$$\frac{m_1}{V_2} = \frac{n_1 \cdot M_1}{n_2 \cdot V_m}$$

$$\frac{m_1}{7\,500\ \text{L}} = \frac{1\ \text{mol} \cdot 18\ \text{g} \cdot \text{mol}^{-1}}{1\ \text{mol} \cdot 22,4\ \text{L} \cdot \text{mol}^{-1}}$$

$$m_1 = 6\,027\ \text{g}$$

**Antwortsatz:** Um 7 500 Liter Wasserstoff herzustellen, sind etwa 6 027 g Wasser notwendig.

*Alternativer Rechenweg:*

1. Textanalyse:

$\qquad\qquad\qquad\qquad\qquad\quad m \qquad\qquad\qquad\qquad 7\,500$ L

$$C + H_2O \longrightarrow CO + H_2$$

2. Stoffmenge: $\qquad\qquad$ 1 mol $\qquad\qquad\qquad\quad$ 1 mol

3. molare Größe: $\qquad\qquad$ 18 g $\cdot$ mol$^{-1}$ $\qquad\qquad$ 22,4 L $\cdot$ mol$^{-1}$

4. Volumen/Masse: $\qquad\quad$ 18 g $\qquad\qquad\qquad\quad$ 22,4 L

5. Verhältnisgleichung:

$$\frac{m}{18\ \text{g}} = \frac{7\,500\ \text{L}}{22,4\ \text{L}}$$

6. Lösung und Ergebnis: $\quad m = 6\,027$ g

7. Antwortsatz: $\qquad\qquad$ Um 7 500 Liter Wasserstoff herzustellen, sind etwa 6 027 g Wasser notwendig.

BE

4.1 Lesen Sie den Text „Ameisensäure – eine organische Verbindung" und bearbeiten Sie die folgenden Aufgaben:
   – Erstellen Sie mithilfe des Textes einen „Steckbrief" der Ameisensäure mit sechs Angaben.
   – Leiten Sie aus den Eigenschaften der Ameisensäure eine Regel im Umgang mit dieser Säure ab.
   – Notieren Sie eine weitere zu erwartende Beobachtung, wenn Eisen mit Ameisensäurelösung reagiert.
   – Begründen Sie, ob bei der Reaktion von Eisen mit Ameisensäurelösung eine exotherme oder endotherme Reaktion vorliegt.

8

---

### Ameisensäure – eine organische Verbindung

Ameisensäure wurde früher aus Ameisen isoliert, dadurch erhielt sie ihren Namen. Ihr wissenschaftlicher Name ist Methansäure. In der Natur ist die Ameisensäure aber nicht nur in den Ameisen zu finden, sondern kommt auch in Sekreten einiger anderer Tiere und Pflanzen vor. So nutzen zum Beispiel einige Raupenarten, Bienen oder Quallen die Ameisensäure als Gift zur Verteidigung oder zum Angriff. Wer schon einmal mit Brennnesseln oder Ameisen in Berührung gekommen ist, wird festgestellt haben, dass bei einem Kontakt mit der Haut ein starker Juckreiz, Rötungen und sogar kleine Bläschen entstehen können. Ab einer Konzentration von über zehn Prozent führt der Kontakt mit der Haut zu schweren Verätzungen bis hin zu Leber- und Nierenschäden. Ameisensäure reagiert mit unedlen Metallen, wie zum Beispiel Eisen und Zink unter Entwicklung von Wasserstoff und bildet ihre Salze. Dabei ist ein Temperaturanstieg zu beobachten.

Die farblose, stechend riechende Flüssigkeit ist gut in Wasser löslich. Viele Menschen kommen mit der Ameisensäure in Form des Konservierungsstoffes E 236 in Lebensmitteln in Berührung. Des Weiteren wird sie in der Medizin als rheumatisches Mittel, in der Textil- und Lederindustrie beim Färben oder in der Imkerei zur Bekämpfung von Milben eingesetzt.

---

4.2 Ameisensäure (Methansäure) zerfällt bei erhöhter Temperatur und in Anwesenheit eines entsprechenden Katalysators in Wasserstoff und Kohlenstoffdioxid. Der entstehende Wasserstoff kann zur Erzeugung elektrischer Energie genutzt werden. Für diese Zerfallsreaktion kann vereinfacht folgende Reaktionsgleichung geschrieben werden:

$$HCOOH \longrightarrow CO_2 + H_2$$

   – Berechnen Sie das Volumen an Wasserstoff, welches beim Zerfall von 550 g Ameisensäure entsteht.

4

4.3 **Experiment**
Während eines Schülerexperimentes sollen Versuche mit Salzsäure oder Schwefelsäure durchgeführt werden. Auf dem Lehrertisch stehen vier farblose Lösungen in mit A, B, C und D gekennzeichneten Gefäßen. Davon enthalten zwei die entsprechenden Säurelösungen.
Identifizieren Sie eine dieser beiden Säurelösungen.

- Planen Sie Ihr experimentelles Vorgehen, indem Sie dazu ein Protokoll nach folgenden Gesichtspunkten anfertigen:
  Aufgabe, Geräte und Chemikalien, Durchführung, Beobachtung und Auswertung. Legen sie das vorbereitete Protokoll dem Lehrer vor.
- Führen sie das Experiment durch und vervollständigen Sie Ihr Protokoll.
- Entwickeln Sie die Reaktionsgleichung für den Nachweis des Säurerest-Ions in Ionenschreibweise. 10

4.4 Für das Lösen der Essigsäure (Ethansäure) in Wasser kann vereinfacht folgende Reaktionsgleichung geschrieben werden:

$$CH_3COOH \longrightarrow H^+ + CH_3COO^-$$

- Begründen Sie die zu erwartende Beobachtung, wenn die Säurelösung auf elektrische Leitfähigkeit geprüft wird.
- Geben Sie für die Verwendung von Essigsäurelösung zwei Beispiele an. $\underline{\phantom{x}3}$
  $25$

---

**Lösungen**

4.1 *Beachten Sie bei der Formulierung ihrer Antwort die äußere Form „Steckbrief". Es sind verschiedene „Steckbriefe" denkbar.*

- „Steckbrief" der Ameisensäure

| | |
|---|---|
| wissenschaftlicher Name: | Methansäure |
| Vorkommen: | Ameisen, Bienen, Quallen, Brennnesseln |
| Wirkung: | ätzend (ab einer Konzentration über 10 %) |
| chemische Reaktionen: | mit Zink und Eisen |
| Eigenschaften: | farblos, flüssig, stechender Geruch |
| Verwendung: | Konservierungsstoff, Arzneimittel, Textil- und Lederindustrie, Imkerei |

- Weil Ameisensäure ätzend wirkt, muss beim Experimentieren eine Schutzbrille getragen werden.

- Das Metall wird zersetzt. Es entstehen Gasblasen.

- Da bei der Reaktion von Ameisensäure mit Eisen ein Temperaturanstieg zu beobachten ist, handelt es sich um eine exotherme Reaktion.

**4.2** *Im Text ist die Masse der Ameisensäure gegeben, die Reaktionsgleichung enthält die Stoffmengen von Ameisensäure und Wasserstoff. Im Tafelwerk findet man die molare Masse von Ameisensäure, das molare Volumen aller Gase beträgt 22,4 L · mol⁻¹.*

**Berechnung:**

Reaktionsgleichung:

$$HCOOH \longrightarrow CO_2 + H_2$$

Gesucht: $\quad V_1$ (Wasserstoff)

Gegeben: $\quad m_2$ (Ameisensäure) = 550 g

$\qquad\qquad n_1 = 1$ mol $\qquad\qquad V_m = 22,4$ L · mol⁻¹

$\qquad\qquad n_2 = 1$ mol $\qquad\qquad M_2 = 46$ g · mol⁻¹

**Lösung:**

$$\frac{V_1}{m_2} = \frac{n_1 \cdot V_m}{n_2 \cdot M_2}$$

$$\frac{V_1}{550\ \text{g}} = \frac{1\ \text{mol} \cdot 22,4\ \text{L} \cdot \text{mol}^{-1}}{1\ \text{mol} \cdot 46\ \text{g} \cdot \text{mol}^{-1}}$$

$$V_1 = 267,8\ \text{L}$$

**Antwortsatz:** Wenn 550 g Ameisensäure zerfallen, entstehen 267,8 L Wasserstoff.

*Alternativer Rechenweg:*

1. Textanalyse: $\qquad\qquad$ 550 g $\qquad\qquad\qquad\qquad\qquad V$

$\qquad\qquad\qquad\qquad\quad HCOOH \longrightarrow CO_2 + H_2$

2. Stoffmenge: $\qquad\qquad$ 1 mol $\qquad\qquad\qquad\qquad\qquad$ 1 mol

3. molare Größe: $\qquad\quad$ 46 g · mol⁻¹ $\qquad\qquad\qquad$ 22,4 L · mol⁻¹

4. Volumen/Masse: $\qquad\quad$ 46 g $\qquad\qquad\qquad\qquad\qquad$ 22,4 L

5. Verhältnisgleichung: $\qquad \dfrac{550\ \text{g}}{46\ \text{g}} = \dfrac{V}{22,4\ \text{L}}$

6. Lösung und Ergebnis: $\quad V = 267,8$ L

7. Antwortsatz: $\qquad\qquad$ Wenn 550 g Ameisensäure zerfallen, entstehen 267,8 L Wasserstoff.

**4.3** *Bereiten Sie ein Protokoll vor. Beachten Sie dabei die geforderte Gliederung. Es gibt mehrere Lösungsmöglichkeiten.*

**– Protokoll**

Aufgabe: $\qquad\qquad$ Finde aus den vier gegebenen Lösungen die Schwefelsäure heraus.

Geräte und Chemikalien: $\qquad$ Reagenzgläser, Reagenzglasständer, Pipetten, Universalindikatorlösung, Bariumchlorid-Lösung

Durchführung: Von den gegebenen Lösungen werden Proben entnommen und mit Universalindikatorlösung versetzt. Da zwei Säure-Lösungen vorliegen, müssen sich in zwei Reagenzgläsern rote Färbungen ergeben. Von diesen beiden Originallösungen werden wieder Stoffproben abgefüllt und mit Bariumchlorid-Lösung getestet. Im Reagenzglas mit der Schwefelsäure muss ein weißer Niederschlag entstehen.

Beobachtung:

Auswertung:

*Nach dem Experiment muss das Protokoll noch vervollständigt werden.*

- **Experiment**

Beobachtung: Mit Universalindikatorlösung färben sich die Lösungen in den Reagenzgläsern A und C rot, in den Reagenzgläsern B und D grün. Im Reagenzglas mit der Lösung A entsteht bei der Zugabe von Bariumchlorid-Lösung ein weißer Niederschlag, im Reagenzglas C bleibt die Lösung klar.

Auswertung: Die Schwefelsäure befindet sich im **Reagenzglas A**

*alternativ:*
Ähnlich lässt sich die Salzsäure (Chlorwasserstoffsäure) ermitteln. Mithilfe der Universalindikatorlösung erkennt man die sauren Lösungen. Das Chlorid-Ion der Salzsäure wird mit Silbernitrat-Lösung anhand eines weißen Niederschlages nachgewiesen.

- Reaktionsgleichung:

$$Ba^{2+} + SO_4^{2-} \longrightarrow BaSO_4$$

*für den alternativen Nachweis:*

$$Ag^+ + Cl^- \longrightarrow AgCl$$

4.4 **Essigsäure**

- Die Essigsäure-Lösung zeigt elektrische Leitfähigkeit, da frei bewegliche Ionen in der Lösung vorhanden sind.

- Konservierungsstoff, Würzmittel oder Reinigungsmittel, Entkalkungsmittel, etc.

BE

1.1 Ihnen werden folgende Experimente demonstriert:
Eine farblose Flüssigkeit wird nacheinander
a) auf elektrische Leitfähigkeit geprüft
b) mit Unitest versetzt
c) mit Silbernitratlösung versetzt
– Übernehmen Sie die Tabelle in Ihre Arbeit, notieren Sie darin Ihre Beobachtungen und werten Sie diese auch mithilfe Ihrer Kenntnisse über Teilchen aus.

| Experiment | Beobachtung | Auswertung |
|------------|-------------|------------|
| a) | | |
| b) | | |
| c) | | |

Bei der in den Experimenten geprüften Flüssigkeit handelt es sich um eine der drei folgenden Substanzen: Salzsäure, destilliertes Wasser oder Kochsalzlösung.
– Entscheiden Sie, welcher Stoff als Probe vorlag.
– Begründen Sie Ihre Entscheidung anhand Ihrer Beobachtungen. 8

1.2 In einem Chemie-Memory-Spiel befinden sich Karten mit folgenden Begriffen:
Natrium, Kohlenwasserstoffe, Methan, Metalle, Wasser, Oxide
– Bilden Sie drei Paare entsprechend der Vorgabe: Stoff – Stoffgruppe.
– Notieren Sie die Art der chemischen Bindung, die in Natrium vorliegt.
– Geben Sie drei Verbindungen an, die das Element Natrium enthalten und notieren Sie für eine Verbindung eine Verwendung. 6

1.3 Schwefel ist ein Element von mehr als 100 anderen im Periodensystem der Elemente.
– Übernehmen und ergänzen Sie die Skizze des vorliegenden Schwefel-Atommodells.
– Beschriften Sie Ihre Skizze mit sechs Angaben zum Atombau.
– Stellen Sie für das vorliegende Atom drei Zusammenhänge zwischen Atombau und seiner Stellung im Periodensystem der Elemente her. 7

1.4 Die Chemie ist aus unserem Leben nicht mehr wegzudenken, gleichzeitig birgt sie auch Risiken.
– Notieren Sie jeweils ein Beispiel für den Nutzen und die Gefährdung durch die Chemie.
– Erläutern Sie ein Beispiel hinsichtlich seiner chemischen Wirkung auf die Umwelt.

$\dfrac{4}{25}$

# Lösungen

1.1 *Eine farblose Flüssigkeit wird nacheinander auf elektrische Leitfähigkeit geprüft, mit Universalindikatorlösung versetzt und mit Silbernitratlösung versetzt. Beachten Sie, dass Sie die Tabelle übernehmen, deutlich zwischen Beobachtungen und Auswertung unterscheiden und die Auswertung mithilfe Ihrer Kenntnisse über die Teilchen vornehmen sollen.*

| Experiment | Beobachtung | Auswertung |
|---|---|---|
| a) | Die Lampe leuchtet. | In der Lösung sind frei bewegliche Ladungsträger. |
| b) | Die Lösung färbt sich rot. | In der Lösung wurden Wasserstoff-Ionen nachgewiesen. |
| c) | Eine weiße Trübung ist zu beobachten. *alternativ:* Es bildet sich ein weißer Niederschlag. | In der Lösung wurden Chlorid-Ionen nachgewiesen. |

- Es handelt sich um **Salzsäure**.

- Da die Universalindikatorlösung rot gefärbt wurde, muss es sich um eine saure Lösung handeln. Bei destilliertem Wasser und bei Kochsalzlösung würde die Universalindikatorlösung eine grüne Färbung zeigen.

*alternativ:*
Der weiße Niederschlag nach Zugabe von Silbernitratlösung beweist das Vorliegen von Chlorid-Ionen. Die Rotfärbung mit Universalindikatorlösung bestätigt, dass Wasserstoff-Ionen vorhanden sind. Diese Ionen liegen in der Salzsäure vor.

1.2 *Auf geeignete Weise müssen Sie die Zuordnung Stoff – Stoffgruppe verdeutlichen. Dies kann z. B. in Form einer Tabelle erfolgen.*

| Stoff | Stoffgruppe |
|---|---|
| Natrium | Metalle |
| Methan | Kohlenwasserstoffe |
| Wasser | Oxide |

- Im Natrium liegt **Metallbindung** vor.

- Natriumchlorid, Natriumhydroxid, Natriumsulfat
*alternativ:*
z. B. Natriumbromid, Natriumcarbonat, Natriumnitrat

Natriumchlorid (Kochsalz) wird als Konservierungsstoff eingesetzt.
*alternativ:*
Natriumhydroxid ist Bestandteil von Abflussreinigern.

1.3

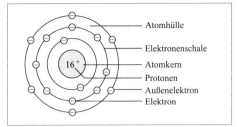

- Weil das Schwefelatom 16 Protonen besitzt, hat es im Periodensystem der Elemente die **Ordnungszahl 16**. Aufgrund der 6 Außenelektronen ist das Element Schwefel in die **VI. Hauptgruppe** eingeordnet. Die drei besetzten Elektronenschalen begründen die Einordnung in die **3. Periode**.

1.4  *Bei der Beantwortung der Frage haben Sie zahlreiche Auswahlmöglichkeiten. Achten Sie auf die Zuordnung der Begriffe „Nutzen" und „Gefährdung".*

- *z. B:* Die Herstellung von Düngemitteln und Kunststoffen ist für den Menschen von Nutzen. Gefährdungen können sich aus der Verwendung von Zusatzstoffen in Lebensmitteln ergeben.

- Düngemittel optimieren die Wachstumsbedingungen der Pflanzen. So können ausreichend Nahrungsmittel für die Menschen produziert werden. Durch das Auswaschen der Düngesalze kann aber auch das Grundwasser belastet werden.

BE

2.1 Werkstoffe aus unterschiedlichen Werkstoffgruppen finden vielfältigen Einsatz in unserem täglichen Leben.

Polyethylen (PE), Aluminium, metallische Werkstoffe, Emaille, Eisen, keramische Werkstoffe, Polyvinylchlorid (PVC), Kunststoffe, Calciumcarbonat (Kalk), Baustoffe, Porzellan, Calciumsulfat (Gips).

– Wählen Sie aus den aufgeführten Begriffen die Werkstoffgruppen aus und ordnen Sie die jeweiligen Werkstoffe zu. Fertigen Sie dazu eine geeignete Übersicht an.

– Notieren Sie für drei der Werkstoffe je eine Verwendungsmöglichkeit.      8

2.2 Magnesium wird zunehmend im Automobilbau als Legierungsmetall verwendet. Spektakulär ist sein Einsatz als Unterwasserfackel.

– Berechnen Sie die Masse an Magnesiumoxid, die bei der Reaktion von 15 g Magnesium mit Wasser entsteht.

$$Mg \ + \ H_2O \ \longrightarrow \ MgO \ + \ H_2$$      4

2.3 **Experiment**
In mit A, B und C gekennzeichneten Gefäßen befinden sich Stoffproben von Marmor, Magnesium und Polyethylen.

– Identifizieren Sie den Kunststoff, indem Sie diese Stoffproben auf folgende Eigenschaften prüfen:
a) elektrische Leitfähigkeit
b) Verhalten gegenüber Säuren
c) metallischen Glanz

– Übernehmen Sie die folgende Tabelle in Ihre Arbeit und ergänzen Sie diese mit Ihren Beobachtungsergebnissen.

| Stoffprobe | elektrische Leitfähigkeit | Verhalten gegenüber Säuren | metallischer Glanz |
|------------|---------------------------|----------------------------|--------------------|
| A | | | |
| B | | | |
| C | | | |

– Leiten Sie anhand Ihrer Beobachtungen ab, bei welcher Stoffprobe es sich um den Kunststoff handelt.      6

2.4 Die Eigenschaften der Werkstoffe werden durch Ihren Bau bedingt.

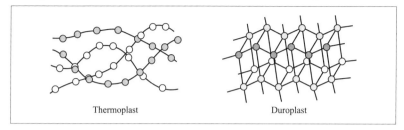

Thermoplast          Duroplast

– Leiten Sie aus den abgebildeten Strukturmodellen je eine Eigenschaft für die Kunststoffarten Thermoplaste und Duroplaste ab.
– Geben Sie eine weitere Kunststoffart an.
– Entwickeln Sie die Reaktionsgleichung für die Polymerisation von Ethen zu Polyethylen.

$\dfrac{7}{25}$

# Lösungen

**2.1** *Sie können sich für eine geeignete Übersicht Ihrer Wahl entscheiden. Auch eine Tabelle oder eine Mind-Map wären möglich.*

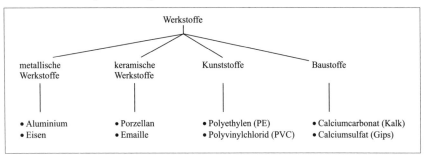

– z. B.: Eisen kann als Hauptbestandteil von Stahl im Brückenbau eingesetzt werden. Porzellan wird als Geschirr im Haushalt verwendet. Aus Polyethylen bestehen viele Verpackungsfolien.

**2.2** *Im Text ist die Masse des Magnesiums angegeben, die Reaktionsgleichung enthält die Stoffmengen von Magnesium und Magnesiumoxid. Die molaren Massen der Stoffe können dem Tafelwerk entnommen werden.*

**Berechnung:**

Reaktionsgleichung:

$$Mg + H_2O \longrightarrow MgO + H_2$$

Gesucht: $m_1$ (Magnesiumoxid)

Gegeben: $m_2$ (Magnesium) = 15 g

$\quad\quad\quad n_1 = 1$ mol $\quad\quad\quad M_1 = 40$ g · mol$^{-1}$

$\quad\quad\quad n_2 = 1$ mol $\quad\quad\quad M_2 = 24$ g · mol$^{-1}$

**Lösung:**

$$\frac{m_1}{m_2} = \frac{n_1 \cdot M_1}{n_2 \cdot M_2}$$

$$\frac{m_1}{15\,g} = \frac{1\,mol \cdot 40\,g \cdot mol^{-1}}{1\,mol \cdot 24\,g \cdot mol^{-1}}$$

$$m_1 = 25\,g$$

**Antwortsatz:** Wenn 15 g Magnesium mit Wasser reagieren, entstehen 25 g Magnesiumoxid.

*Alternativer Rechenweg:*

| | | |
|---|---|---|
| 1. Textanalyse: | 15 g | $m$ |
| | $Mg + H_2O \longrightarrow$ | $MgO + H_2$ |
| 2. Stoffmenge: | 1 mol | 1 mol |
| 3. molare Masse: | 24 g · mol$^{-1}$ | 40 g · mol$^{-1}$ |
| 4. Masse: | 24 g | 40 g |

5. Verhältnisgleichung: $\dfrac{15\,\text{g}}{24\,\text{g}} = \dfrac{m}{40\,\text{g}}$

6. Lösung und Ergebnis: $m = 25\,\text{g}$

7. Antwortsatz: Wenn 15 g Magnesium mit Wasser reagieren, entstehen 25 g Magnesiumoxid.

2.3 *Zur Durchführung des Experiments bekommen Sie die drei gekennzeichneten Stoffproben und die benötigten Geräte und Chemikalien. Eventuell müssen Sie die Apparatur zur Leitfähigkeitsmessung selbst aufbauen.*
*Der in der Aufgabenstellung verwendete Begriff „Beobachtungsergebnisse" ist nicht eindeutig. Sie sollten in der Tabelle Ihre Beobachtungen notieren.*

| Stoff-probe | elektrische Leitfähigkeit | Verhalten gegenüber Säuren | metallischer Glanz |
|---|---|---|---|
| A | Die Lampe brennt nicht. | Die Säurelösung und die Stoffprobe sind unverändert. | Es ist kein Glanz vorhanden. |
| B | Die Lampe brennt nicht. | Es setzt eine Gasentwicklung ein, die Stoffprobe wird zersetzt. | Es ist kein Glanz vorhanden. |
| C | Die Lampe brennt. | Es setzt eine Gasentwicklung ein, die Stoffprobe wird zersetzt. | Der Stoff glänzt metallisch. |

– Die **Stoffprobe A** ist der Kunststoff, weil sie beständig gegenüber Säuren ist.

2.4 *Beachten Sie den Operator „Ableiten".*

– In der Abbildung des **Thermoplastes** ist zu erkennen, dass die Moleküle nur wenig vernetzt sind. Deshalb lässt sich dieser Stoff in der Wärme mehrfach verformen. Bei einem **Duroplast** sind die Moleküle stark miteinander vernetzt. Deshalb ist dieser Stoff sehr fest und in der Wärme nicht mehr verformbar.

– Eine weitere Kunststoffart sind **Elaste**.

– $n\ CH_2{=}CH_2 \longrightarrow -(CH_2{-}CH_2)_n-$

*alternativ:*
*Sie können die Reaktionsgleichung auch mit Summenformeln oder ausführlichen Strukturformeln formulieren:*

$n\ C_2H_4 \longrightarrow -(C_2H_4)_n-$

BE

3.1 Metalle gehören wie die Nichtmetalle zu den chemischen Elementen. Aus ihren Eigenschaften leitet sich oft ihre Verwendung ab.

– Geben Sie an, was man unter einem chemischen Element versteht.

– Übernehmen Sie folgende Tabelle in Ihre Arbeit. Ergänzen Sie die Tabelle mit den unten aufgeführten Fakten unter Berücksichtigung des Zusammenhangs zwischen Eigenschaften und Verwendung.

Aluminium, Wasserstoff, brennbar, Röntgenstrahlenschutz, Gold, Energiegewinnung, Blei, Kohlenstoff, Flugzeugbau, Raketenantriebsstoff, geringe Dichte, glänzend und edel, hohe Dichte, brennbar, Schmuckherstellung

| chemisches Element | Metall oder Nichtmetall | Eigenschaft | Verwendung |
|---|---|---|---|
|  |  |  |  |
|  |  |  |  |
|  |  |  |  |
|  |  |  |  |

6

3.2 **Experiment**

„Die Oxide der Metalle reagieren mit Wasser zu basischen Lösungen."

Um diese Aussage experimentell zu bestätigen, stehen Ihnen folgende Chemikalien und Geräte zur Verfügung:

Magnesiumspan, Wasser, Universalindikator, Brenner, Porzellanschale, Tiegelzange

– Planen Sie ein Experiment zur Bestätigung der oben angeführten Aussage und legen Sie den Plan dem Lehrer vor.

– Führen Sie das Experiment unter Beachtung des Arbeitsschutzes durch.

– Notieren Sie Ihre Beobachtungen.

– Werten Sie Ihre Beobachtungen zur Reaktion des Universalindikators unter Angabe von Name und Formel der nachgewiesenen Teilchen aus.

– Entwickeln Sie für eines der durchgeführten Teilexperimente die Reaktionsgleichung.

9

3.3 Lesen Sie den folgenden Text und bearbeiten Sie die nachstehenden Aufgaben.

– Entwickeln Sie die Wortgleichung für die stattgefundene Redoxreaktion.

– Kennzeichnen Sie die beiden Teilreaktionen.

– Geben Sie das Reduktionsmittel an.

– Entscheiden Sie, ob diese Redoxreaktion endotherm oder exotherm verläuft und begründen Sie Ihre Entscheidung.

## Wie Eisenbahnschienen verschweißt werden

Es ist acht Uhr morgens auf dem Hauptbahnhof. Das schadhafte „Herzstück" einer Weiche soll ausgewechselt werden. Die Reparatur soll mithilfe des Thermitverfahrens durchgeführt werden, dabei läuft eine Redoxreaktion ab. Zunächst wird das alte Schienenstück mit dem Schneidbrenner herausgeschnitten. Der entstehende Spalt wird noch auf 25 mm verbreitert. Das ist notwendig, damit beim Thermitschweißen der flüssige Stahl gut hineinfließen kann.

Was ist eigentlich „Thermit"? Diese Frage beantwortet der Oberschweißer so: „Thermit ist ein Gemisch aus Eisenoxid und Aluminiumpulver. Wenn man es entzündet, reagieren beide Stoffe zu Eisen und Aluminiumoxid. Aus 1 000 g Thermit entstehen 425 g Eisen. Bei dieser chemischen Reaktion wird sehr viel Wärmenergie frei. Es entstehen Temperaturen bis zu 2 400 °C. Das ist jedoch zum Schweißen zu heiß. Deshalb mischt man dem Thermitgemisch feinen Stahlschrott zum ‚Kühlen' bei. Außerdem kommen noch Vanadium, Mangan, Titan, Silicium und Kohlenstoff dazu. Der Schweißstahl wird dadurch etwas härter als der Schienenstahl selbst."

Quelle: Natur und Technik – Chemie, Ausgabe Rheinland-Pfalz; Herausgeber: Obst, H., Beyer, J., Bresler, S., Heepmann, B.; Cornelsen Verlag 2000

6

3.4 Aluminiumoxid kann mithilfe des elektrischen Stromes in Aluminium und Sauerstoff zerlegt werden.

– Berechnen Sie die Masse von Aluminium, die bei der Zerlegung von 4 Tonnen Aluminiumoxid entsteht.

$$2\,Al_2O_3 \longrightarrow 4\,Al + 3\,O_2$$

$\dfrac{4}{25}$

# Lösungen

3.1 – Ein chemisches Element ist ein Reinstoff, der nur aus einer Atomart besteht.

| chemisches Element | Metall oder Nichtmetall | Eigenschaft | Verwendung |
|---|---|---|---|
| Aluminium | Metall | geringe Dichte | Flugzeugbau |
| Wasserstoff | Nichtmetall | brennbar | Raketenantriebsstoff |
| Gold | Metall | glänzend und edel | Schmuckherstellung |
| Blei | Metall | hohe Dichte | Röntgenstrahlenschutz |
| Kohlenstoff | Nichtmetall | brennbar | Energiegewinnung |

*Der Fakt „Energiegewinnung" könnte auch bei Wasserstoff als Verwendung eingetragen werden.*

3.2 *Unter Verwendung der genannten Geräte und Chemikalien müssen Sie die Durchführung des Experimentes planen und die zu erwartende Beobachtung voraussagen. Beachten Sie den Arbeitsschutz.*

– **Plan:**
Der Magnesiumspan wird mit der Brennerflamme entzündet und über die Porzellanschale gehalten. Dabei entsteht Magnesiumoxid, das dann in der Porzellanschale mit Wasser vermischt wird. Zu der Aufschlämmung gibt man schließlich einige Tropfen Universalindikator. Es müsste eine Blaufärbung erfolgen.

*Bei der Durchführung des Experimentes sollten Sie eine Schutzbrille tragen und nicht direkt in die stark leuchtende Flamme schauen.*

– **Beobachtungen:**
Nach kurzem Erhitzen entzündet sich das Magnesium und glüht hell auf. Es entsteht ein weißer, pulvriger Stoff. Mit Wasser ergibt sich eine weiße Aufschlämmung. Durch Universalindikator wird die Flüssigkeit blau gefärbt.

– **Auswertung:**
Es ist eine Hydroxidlösung entstanden, da durch die Blaufärbung das Hydroxid-Ion $OH^-$ nachgewiesen wurde.

– $2\,Mg\ +\ O_2\ \longrightarrow\ 2\,MgO$

*alternativ:*

$MgO\ +\ H_2O\ \longrightarrow\ Mg(OH)_2$

3.3 – Eisenoxid + Aluminium $\longrightarrow$ Eisen + Aluminiumoxid

*Das Kennzeichnen der Teilreaktionen erfolgt am günstigsten direkt an der Wortgleichung.*

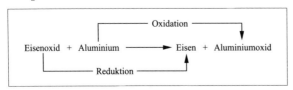

– Das Reduktionsmittel ist **Aluminium**.

– Die Reaktion verläuft **exotherm**, weil laut Text „sehr viel Wärmeenergie frei" wird.

 3.4 *Im Text ist die Masse des Aluminiumoxids gegeben, die Reaktionsgleichung enthält die Stoffmengen von Aluminium und Aluminiumoxid. Die molaren Massen der Stoffe können dem Tafelwerk entnommen werden.*

**Berechnung:**

Reaktionsgleichung:

$$2\ Al_2O_3 \longrightarrow 4\ Al\ +\ 3\ O_2$$

Gesucht:     $m_1$ (Aluminium)

Gegeben:     $m_2$ (Aluminiumoxid) = 4 t

$n_1 = 4$ mol          $M_1 = 27$ g · mol$^{-1}$

$n_2 = 2$ mol          $M_2 = 102$ g · mol$^{-1}$

**Lösung:**

$$\frac{m_1}{m_2} = \frac{n_1 \cdot M_1}{n_2 \cdot M_2}$$

$$\frac{m_1}{4\ t} = \frac{4\ mol \cdot 27\ g \cdot mol^{-1}}{2\ mol \cdot 102\ g \cdot mol^{-1}}$$

$$m_1 = 2{,}1\ t$$

**Antwortsatz:** Bei der Zerlegung von 4 t Aluminiumoxid entstehen 2,1 t Aluminium.

*Alternativer Rechenweg:*

1. Textanalyse:           4 t                          $m$

$$2\ Al_2O_3 \longrightarrow 4\ Al\ +\ 3\ O_2$$

2. Stoffmenge:           2 mol                       4 mol

3. molare Masse:        102 g · mol$^{-1}$          27 g · mol$^{-1}$

4. Masse:                    204 g                        108 g

5. Verhältnisgleichung:     $\dfrac{4\ t}{204\ g} = \dfrac{m}{108\ g}$

6. Lösung und Ergebnis:    $m = 2{,}1$ t

7. Antwortsatz: Bei der Zerlegung von 4 t Aluminiumoxid entstehen 2,1 t Aluminium.

BE

4.1 Im August 2010 kam es durch sehr starke Niederschläge in den Regionen um Görlitz und Zittau zu Hochwasser. In Görlitz musste deshalb das Wasserwerk, welches das Wasser aus der Neiße bezieht, vorübergehend den Betrieb einstellen.
  – Erläutern Sie einen möglichen Grund für diese Maßnahme.      2

4.2 **Experiment**
Eine vom Umweltamt untersuchte Wasserprobe ergab einen pH-Wert im sauren Bereich sowie ein positives Testergebnis auf Sulfat-Ionen.
  – Planen Sie Ihr experimentelles Vorgehen, um die vorliegende Wasserprobe auf dieses Testergebnis hin zu überprüfen. Legen Sie den Plan Ihrem Lehrer vor.
  – Führen Sie das Experiment durch und notieren Sie Ihre Beobachtungen.
  – Werten Sie Ihre Beobachtungen aus.
  – Notieren Sie Name und Formel der chemischen Verbindung, die aufgrund Ihrer Beobachtungen in der Wasserprobe enthalten sein könnte.
  – Entwickeln Sie die Reaktionsgleichung für den Nachweis der Sulfat-Ionen in Ionenschreibweise.      11

4.3 Die Reinigung des mit Gefahrstoffen belasteten Abwassers eines Chemiebetriebes kann mithilfe folgender Reaktionsgleichung beschrieben werden:
$$NaOH + HNO_3 \longrightarrow H_2O + NaNO_3$$
  – Geben Sie die Reaktionsart an.
  – Beschreiben Sie das Wesen dieser chemischen Reaktion.
  – Notieren Sie ein weiteres Beispiel für die Anwendung dieser Reaktionsart im täglichen Leben.      4

4.4 Luftschadstoffe belasten zunehmend unsere Umwelt. Sie entstehen hauptsächlich bei der Verbrennung fossiler Energieträger.
  – Geben Sie zwei fossile Energieträger an.
  – Erläutern Sie eine Möglichkeit, Energie umweltfreundlich bereitzustellen.
  – Notieren Sie zwei Beispiele, wie Sie im täglichen Leben Energie sparen können.      4

4.5 Verbrennungsvorgänge in Kraftfahrzeugen tragen zur Erhöhung der Schadstoffbelastung bei.
Eine der dabei ablaufenden chemischen Reaktionen kann durch folgende Reaktionsgleichung dargestellt werden:
$$2\,C_8H_{18} + 25\,O_2 \longrightarrow 18\,H_2O + 16\,CO_2$$
  – Berechnen Sie das Volumen von Kohlenstoffdioxid, das durch die Verbrennung von 50 Kilogramm Octan mit Sauerstoff entsteht.      $\underline{\phantom{xx}4}$
                                                      25

4.1 *Im Text ist nicht ausdrücklich formuliert, dass es sich um ein Wasserwerk zur Trinkwasseraufbereitung handelt. Beachten Sie den Operator „Erläutern". Es stehen verschiedene mögliche Gründe zur Wahl.*

– Durch die großen Wassermengen wurden Verunreinigungen wie Schlamm, Unrat oder Heizöl mitgeführt. Damit war eine qualitätsgerechte Aufbereitung zu Trinkwasser nicht möglich.

4.2 *Der Plan für das Experiment sollte die Nachweismittel, die erwarteten Effekte, die notwendigen Geräte und wesentliche experimentelle Tätigkeiten enthalten.*

– **Plan:**
In einem Reagenzglas (Reagenzglas 1) wird ein Teil der Wasserprobe mit Universalindikatorlösung versetzt. Wenn ein pH-Wert im sauren Bereich vorliegt, müsste eine Rotfärbung der Lösung erfolgen. In einem weiteren Reagenzglas (Reagenzglas 2) überprüft man die Stoffprobe mit Bariumchloridlösung. Wenn Sulfat-Ionen vorliegen, muss ein weißer Niederschlag ausfallen.

*Führen Sie das Experiment durch und notieren Sie die Beobachtungen.*

– **Beobachtung:**
Im Reagenzglas 1 erfolgt durch die Universalindikatorlösung eine Rotfärbung. Mit Bariumchloridlösung entsteht im Reagenzglas 2 ein weißer Niederschlag.

– **Auswertung:**
Das Abwasser ist eine saure Lösung, die Sulfat-Ionen enthält.

– Es könnte sich um Schwefelsäure $H_2SO_4$ handeln.

– $Ba^{2+} + SO_4^{2-} \longrightarrow BaSO_4$

4.3 – Diese Reaktionsart heißt **Neutralisation**.

– Bci einer Neutralisation reagieren Wasserstoff-Ionen mit Hydroxid-Ionen zu Wassermolekülen.

*alternativ:*
Bei einer Neutralisation reagieren eine saure und eine basische Lösung zu einer neutralen Lösung.

– Die Verbesserung von sauren Böden durch Kalk beruht auf dem Prinzip der Neutralisation.

4.4 – Zwei fossile Energieträger sind Steinkohle und Erdöl.

*alternativ:*
Braunkohle, Erdgas

*Es ist davon auszugehen, dass die Energieform „elektrische Energie" thematisiert werden soll. Beachten Sie den Operator „Erläutern".*

– Windkraftanlagen verbrauchen keine Rohstoffe. Bei der Umwandlung von Windenergie in elektrische Energie entstehen keine Abgase.

*alternativ:*
Durch Photovoltaik-Anlagen wird Sonnenenergie in elektrische Energie umgewandelt. Dabei wird nicht in die Umwelt eingegriffen, wie z. B. bei Tagebauanlagen, und es entstehen keine Abgase.

– Im Haushalt können Energiesparlampen eingesetzt werden. Bei Neuanschaffungen von Haushaltsgeräten sollte man jene mit geringem Energiebedarf auswählen.

4.5 *Im Text ist die Masse des Octans gegeben, die Reaktionsgleichung enthält die Stoffmengen von Octan und Kohlenstoffdioxid. Die molare Masse von Octan kann dem Tafelwerk entnommen werden. Das molare Volumen aller Gase beträgt 22,4 L · mol⁻¹.*

**Berechnung:**

Reaktionsgleichung:
$$2\,C_8H_{18} \;+\; 25\,O_2 \longrightarrow 18\,H_2O \;+\; 16\,CO_2$$

Gesucht: $V_1$ (Kohlenstoffdioxid)

Gegeben: $m_2$ (Octan) = 50 kg
$n_1 = 16\ \text{mol}$   $V_m = 22{,}4\ \text{L} \cdot \text{mol}^{-1}$
$n_2 = 2\ \text{mol}$   $M_2 = 114\ \text{g} \cdot \text{mol}^{-1}$

**Lösung:**

$$\frac{V_1}{m_2} = \frac{n_1 \cdot V_m}{n_2 \cdot M_2}$$

$$\frac{V_1}{50\,\text{kg}} = \frac{16\,\text{mol} \cdot 22{,}4\,\text{L} \cdot \text{mol}^{-1}}{2\,\text{mol} \cdot 114\,\text{g} \cdot \text{mol}^{-1}}$$

$$\frac{V_1}{50\,000\,\text{g}} = \frac{16\,\text{mol} \cdot 22{,}4\,\text{L} \cdot \text{mol}^{-1}}{2\,\text{mol} \cdot 114\,\text{g} \cdot \text{mol}^{-1}}$$

$$V_1 = 78\,596\ \text{L}$$

**Antwortsatz:** Bei der Verbrennung von 50 kg Octan entstehen rund 78 600 L Kohlenstoffdioxid.

*Alternativer Rechenweg:*

| | | |
|---|---|---|
| 1. Textanalyse: | 50 kg | $V$ |
| | $2\,C_8H_{18} \;+\; 25\,O_2 \longrightarrow 18\,H_2O \;+\; 16\,CO_2$ | |
| 2. Stoffmenge: | 2 mol | 16 mol |
| 3. molare Größe: | $114\ \text{g} \cdot \text{mol}^{-1}$ | $22{,}4\ \text{L} \cdot \text{mol}^{-1}$ |
| 4. Volumen/Masse: | 228 g | 358,4 L |

5. Verhältnisgleichung:

$$\frac{50\,\text{kg}}{228\,\text{g}} = \frac{V}{358{,}4\,\text{L}}$$

$$\frac{50\,000\,\text{g}}{228\,\text{g}} = \frac{V}{358{,}4\,\text{L}}$$

6. Lösung und Ergebnis:   $V = 78\,596\ \text{L}$

7. Antwortsatz:   Bei der Verbrennung von 50 kg Octan entstehen rund 78 600 L Kohlenstoffdioxid.

BE

1.1 Ihnen werden folgende Experimente demonstriert:
Zwei farblose Lösungen A und B, die Rohrreiniger bzw. Kalklöser enthalten, werden
a) mit Unitest versetzt.
b) vorsichtig ineinander überführt.
– Notieren Sie Ihre Beobachtungen zu den Experimenten a) und b).
– Entscheiden und begründen Sie anhand Ihrer Beobachtungen und Ihrer Kenntnisse über die Teilchen, welche Lösung Rohrreiniger enthält.
– Leiten Sie aus Ihrer Beobachtung zum Experiment b) eine Aussage zur charakteristischen Eigenschaft der entstandenen Lösung ab.
– Geben Sie den Reaktionstyp für die im Experiment b) abgelaufene chemische Reaktion an.
– Entwickeln Sie für den angegebenen Reaktionstyp die allgemeine Reaktionsgleichung in Ionenschreibweise.

10

1.2 In einer Chemikaliensammlung stehen ungeordnet Gefäße, die folgende Stoffe enthalten:
Stärke, Schwefel, Glucose, Rübenzucker, Phosphor und Kohlenstoff.
– Erstellen Sie für die Sammlung ein System, indem Sie diese Stoffe entsprechenden Stoffgruppen zuordnen.
– Notieren Sie die Art der chemischen Bindung, die in den oben aufgeführten Stoffen vorliegt.
– Wählen Sie einen Stoff aus und erstellen Sie einen „Steckbrief", der mindestens sechs Angaben enthält.

7

1.3 Stoffe sind aus Teilchen aufgebaut.
– Übernehmen Sie folgende Tabelle in Ihre Arbeit und ergänzen Sie diese.

| Name des Teilchens | Chemisches Zeichen des Teilchens | Anzahl der Protonen | Anzahl der Elektronen | Anzahl der Außenelektronen | Anzahl der besetzten Elektronenschalen |
|---|---|---|---|---|---|
| Calcium-atom | Ca | | | | |
| | | 20 | 18 | | |

– Leiten Sie aus der Stellung des Elementes Calcium im Periodensystem der Elemente zwei Eigenschaften ab.

$\frac{8}{25}$

# Lösungen

**1.1** *Zwei farblose Flüssigkeiten A und B werden zuerst mit Universalindikator versetzt und dann vorsichtig zusammengegossen.*

- **Beobachtungen:**
  a) **Lösung A:** Das Gemisch aus der Lösung und dem Indikator färbt sich blau.
  **Lösung B:** Das Gemisch aus der Lösung und dem Indikator färbt sich rot.
  b) Beim vorsichtigen, langsamen Zusammengießen der mit Universalindikator versetzten Lösungen ergibt sich nach kurzer Zeit eine Grünfärbung.

*Beachten Sie, dass Sie eine Entscheidung fällen und diese anhand der Beobachtungen und der Kenntnisse über die Teilchen begründen müssen.*

- Der Rohrreiniger ist in der Lösung A, weil diese Reinigungsmittel zum Teil Natriumhydroxid enthalten. Natriumhydroxid-Lösung enthält Hydroxid-Ionen, die Universalindikator blau färben.
- Weil die Lösung im Experiment b) grün wurde, liegt eine neutrale Lösung vor.
- Im Experiment b) ist eine Neutralisation abgelaufen.
- $H^+ + OH^- \longrightarrow H_2O$

**1.2** *Die Zuordnung der Stoffe zu Stoffgruppen kann zu verschiedenen Einteilungen führen:*

- **Kohlenhydrate:** Stärke, Rübenzucker, Glucose
  **Nichtmetalle:** Schwefel, Phosphor, Kohlenstoff

  *alternativ:*
  **chemische Verbindungen:** Stärke, Rübenzucker, Glucose
  **chemische Elemente:** Schwefel, Phosphor, Kohlenstoff

  *alternativ:*
  **organische Stoffe:** Stärke, Rübenzucker, Glucose;
  **anorganische Stoffe:** Schwefel, Phosphor, Kohlenstoff
- In den Stoffen liegt Atombindung vor.

*Beachten Sie die geforderte Form „Steckbrief". Wählen Sie einen geeigneten Stoff aus.*

- z. B.: **Steckbrief Glucose**
  Deutscher Name:  Traubenzucker
  Summenformel:  $C_6H_{12}O_6$
  Eigenschaften:  weiß, pulvrig, gut in Wasser löslich, geringe
                  Schmelztemperatur
  Nachweis:  mit Fehlingscher Lösung, beim Erhitzen entsteht
             ziegelroter Niederschlag

**1.3** *Beachten Sie beim Ausfüllen der Tabelle die Vorgaben, insbesondere, dass in der 2. auszufüllenden Zeile die Anzahl der Protonen von der der Elektronen abweicht.*

| Name des Teilchens | Chemisches Zeichen des Teilchens | Anzahl der Protonen | Anzahl der Elektronen | Anzahl der Außen-Elektronen | Anzahl der besetzten Schalen |
|---|---|---|---|---|---|
| Calciumatom | Ca | 20 | 20 | 2 | 4 |
| Calciumion | $Ca^{2+}$ | 20 | 18 | 8 | 3 |

*Die Aufgabenstellung ist anspruchsvoll: Der Operator „Ableiten" fordert von Ihnen, dass Sie von der Stellung des Elementes Calcium im Periodensystem der Elemente ausgehend auf Eigenschaften des Stoffes schlussfolgern.*
*Unterschiedliche Darstellungen des Periodensystems gestatten unterschiedliche Lösungsvarianten.*

– Das Element Calcium ist im Periodensystem links eingeordnet. Dort findet man die Metalle. Metalle sind gute elektrische Leiter und gute Wärmeleiter.

*alternativ:*
Im Periodensystem ist das Feld mit dem Element Calcium blau hinterlegt. Aus der Legende erkenne ich, dass Calcium zu den Metallen gehört. Metalle sind gute elektrische Leiter und gute Wärmeleiter.

*alternativ:*
Im Periodensystem ist das Feld mit dem Element Calcium blau hinterlegt und das Symbol ist schwarz geschrieben. Aus der Legende erkenne ich, dass Calciumoxid zu den Metallen gehört – und somit den Strom gut leitet – und ein fester Stoff ist.

*alternativ:*
Das Element Calcium ist im Periodensystem links eingeordnet. Dort findet man die Metalle. Metalle sind gute elektrische Leiter. Das Feld des Elements Calcium im Periodensystem ist blau hinterlegt. Aus der Legende erkenne ich, dass Calcium ein basisch reagierendes Oxid bildet.

BE

2.1 Gase, gasförmige Stoffe und besonders Gasgemische finden wir in vielen Bereichen unseres Alltags.
Autogas, Tauchgas, Erdgas und Luft sind derartige Gasgemische.
Die Untersuchung zur Zusammensetzung der Gasgemische ergab folgende Analyseergebnisse:

| A | B |
|---|---|
| 44 % Stickstoff<br>35 % Helium<br>21 % Sauerstoff | 78 % Stickstoff<br>21 % Sauerstoff<br>0,93 % Edelgase<br>0,037 % Kohlenstoffdioxid |

| C | D |
|---|---|
| 90,02 % Methan<br>4,80 % Ethan<br>3,13 % Stickstoff<br>1,03 % Kohlenstoffdioxid<br>< 1 % Propan/Butan | 60 % Propan<br>40 % Butan<br>(im Sommer) |

– Geben Sie für **zwei** Analyseergebnisse das jeweilige Gasgemisch an und begründen Sie Ihre Zuordnungen.
– Ordnen Sie die verbliebenen Gasgemische den Analyseergebnissen zu.  5

2.2 Kohlenstoffdioxid und Sauerstoff sind in einigen der Gasgemische enthalten.
– Stellen Sie in einer Tabelle für beide Gase folgende Angaben gegenüber:
Formel, zwei gemeinsame Eigenschafen, Verhalten gegenüber einem brennenden Holzspan und zwei weitere unterschiedliche Eigenschaften.  7

2.3 Gasförmige Stoffe können zum Lebensretter werden.
Der Airbag in Kraftfahrzeugen ist mit einem Pulver gefüllt und zusammen mit dem umhüllenden Stoff auf sehr kleinem Raum zusammengepackt. Durch plötzliche Krafteinwirkung wird das Pulver Natriumazid ($NaN_3$) elektrisch gezündet.
Es entsteht in einem Bruchteil von Sekunden ein großes Gasvolumen, das das Kissen aufbläst.

$$2\,NaN_3 \longrightarrow 2\,Na + 3\,N_2$$

– Ordnen Sie die folgenden molaren Massen (gerundet) den Reaktionsteilnehmern zu:
a) $23\,g \cdot mol^{-1}$
b) $65\,g \cdot mol^{-1}$
c) $28\,g \cdot mol^{-1}$

– Berechnen Sie, welche Masse Natriumazid nötig ist, um den Fahrerairbag mit 60 Liter Stickstoff zu füllen.  5

## 2.4 Experiment

Ein flüssiger Kohlenwasserstoff soll vollständig verbrannt und das entstehende Kohlenstoffdioxid nachgewiesen werden.

- Planen Sie ein geeignetes Experiment, indem Sie dazu ein Protokoll nach folgenden Gesichtspunkten anfertigen:
  Aufgabe, Geräte und Chemikalien, Durchführung, Beobachtung und Auswertung.

- Legen Sie das vorbereitete Protokoll dem Lehrer vor, führen Sie das Experiment durch und vervollständigen Sie Ihr Protokoll.

- Entwickeln Sie die Reaktionsgleichung für den Nachweis von Kohlenstoffdioxid. $\dfrac{8}{25}$

# Lösungen

**2.1** *Entscheiden Sie sich für die beiden Gasgemische, die Ihnen am geeignetsten erscheinen. Beachten Sie, dass Sie die Zuordnung begründen müssen.*

- **B** ist Luft, weil die Zusammensetzung so angegeben ist, wie ich es im Unterricht gelernt habe.

**D** ist das Autogas, weil die Kohlenwasserstoffe Propan und Butan als Energieträger genutzt werden.

*alternativ:*
**A** ist Tauchgas, weil der Sauerstoffanteil dem der Luft entspricht. Sauerstoff braucht der Taucher zum Atmen.
**C** ist Erdgas, weil Methan der Hauptbestandteil von Erdgas ist.

*Je nach Wahl im ersten Teil der Aufgabe 2.1 ordnen Sie die verbleibenden Gasgemische zu.*

- **A** ist Tauchgas, **C** ist Erdgas.

*alternativ:*
**B** ist Luft, **D** ist Autogas

**2.2** *Beachten Sie, dass Sie als Form eine Tabelle anlegen und zwei weitere unterschiedliche Eigenschaften auswählen müssen.*

| | **Kohlenstoffdioxid** | **Sauerstoff** |
|---|---|---|
| Formel | $CO_2$ | $O_2$ |
| gemeinsame Eigenschaften | farblos geruchlos | |
| Verhalten gegenüber einem brennenden Holzspan | erstickt die Flamme | fördert die Flamme |
| z. B. Dichte | $1,977 \text{ g} \cdot L^{-1}$ | $1,429 \text{ g} \cdot L^{-1}$ |
| z. B. Siedetemperatur | sublimiert bei $-79\,°C$ | $-183\,°C$ |

**2.3** *Vergleichen Sie die Angaben mit denen in Ihrem Tafelwerk. Gegebenenfalls müssen Sie die Werte runden.*

a) Natrium  Na  $23 \text{ g} \cdot \text{mol}^{-1}$
b) Natriumazid  $NaN_3$  $65 \text{ g} \cdot \text{mol}^{-1}$
c) Stickstoff  $N_2$  $28 \text{ g} \cdot \text{mol}^{-1}$

*Im Text ist das Volumen des Stickstoffs gegeben, die Reaktionsgleichung enthält die Stoffmengen von Natriumazid und Stickstoff. Im ersten Teil der Aufgabe 2.3 haben Sie dem Natriumazid die molare Masse zugeordnet und das molare Volumen aller Gase beträgt $22,4 \text{ L} \cdot \text{mol}^{-1}$.*

**Berechnung:**
Reaktionsgleichung:

$$2\,NaN_3 \longrightarrow 2\,Na + 3\,N_2$$

Gesucht: $m_1$ (Natriumazid)

Gegeben: $V_2$ (Stickstoff) = 60 L

$\quad\quad\quad n_1 = 2\ \text{mol}\quad\quad M_1 = 65\ \text{g} \cdot \text{mol}^{-1}$

$\quad\quad\quad n_2 = 3\ \text{mol}\quad\quad V_m = 22{,}4\ \text{L} \cdot \text{mol}^{-1}$

**Lösung:**

$$\frac{m_1}{V_2} = \frac{n_1 \cdot M_1}{n_2 \cdot V_m}$$

$$\frac{m_1}{60\ \text{L}} = \frac{2\ \text{mol} \cdot 65\ \text{g} \cdot \text{mol}^{-1}}{3\ \text{mol} \cdot 22{,}4\ \text{L} \cdot \text{mol}^{-1}}$$

$$m_1 = 116\ \text{g}$$

**Antwortsatz:** Um den Airbag mit 60 Litern Stickstoff zu füllen, müssen 116 g Natriumazid reagieren.

*Alternativer Rechenweg:*

| 1. Textanalyse: | $m$ | 60 L |
|---|---|---|
| | $2\,\text{NaN}_3 \longrightarrow$ | $2\,\text{Na} + 3\,\text{N}_2$ |
| 2. Stoffmenge: | 2 mol | 3 mol |
| 3. molare Größe: | $65\ \text{g} \cdot \text{mol}^{-1}$ | $22{,}4\ \text{L} \cdot \text{mol}^{-1}$ |
| 4. Volumen/Masse: | 130 g | 67,2 L |

5. Verhältnisgleichung:
$$\frac{m}{130\ \text{g}} = \frac{60\ \text{L}}{67{,}2\ \text{L}}$$

$$m = 116\ \text{g}$$

6. Lösung und Ergebnis: $m = 116\ \text{g}$

7. Antwortsatz: Um den Airbag mit 60 Litern Stickstoff zu füllen, müssen 116 g Natriumazid reagieren.

2.4 *Nach vorgegebenen Gliederungspunkten sollen Sie ein Experiment selbstständig planen, durchführen und auswerten. Es gibt mehrere Möglichkeiten dies zu tun. Als Nachweismittel sind grundsätzlich Bar  iumhydroxid-Lösung (Barytwasser) und Calciumhydroxid-Lösung (Kalkwasser) geeignet.*

– **Aufgabe:** Verbrennen Sie den bereitgestellten Kohlenwasserstoff vollständig und weisen Sie das entstehende Kohlenstoffdioxid nach.

– **Geräte und Chemikalien:** Kolben, Verbrennungslöffel, Streichhölzer, Bariumhydroxid-Lösung,

– **Durchführung:**
  • In den Kolben wird eine geringe Menge Bariumhydroxid-Lösung eingefüllt.
  • Auf dem Verbrennungslöffel wird die Stoffprobe des Kohlenwasserstoffes entzündet.
  • Der Verbrennungslöffel mit dem brennenden Kohlenwasserstoff wird in den Kolben gehalten.

*Nach der Kontrolle des Experimentierplanes durch den Fachlehrer und dem Experiment vervollständigen Sie das Protokoll.*

- **Beobachtung:**
  - Der Kohlenwasserstoff brennt mit leuchtender Flamme.
  - Wenn die Verbrennungsgase im Kolben über die Bariumhydroxid-Lösung streichen, bildet sich eine trübe Oberfläche.
- **Auswertung:** Der Kohlenwasserstoff ist brennbar. Durch die Trübung der Bariumhydroxid- Lösung wurde Kohlenstoffdioxid in den Verbrennungsgasen nachgewiesen.

*alternativ:*
- **Aufgabe:** Verbrennen Sie den bereitgestellten Kohlenwasserstoff vollständig und weisen Sie das entstehende Kohlenstoffdioxid nach.
- **Geräte und Chemikalien:** Verbrennungsschale, Becherglas, Streichhölzer, Bariumhydroxid-Lösung,
- **Durchführung:**
  - In der Verbrennungsschale wird der Kohlenwasserstoff entzündet.
  - Das Becherglas wird mit wenigen Tropfen Bariumhydroxid-Lösung ausgespült.
  - Mit dem Boden nach oben wird das Becherglas über die Flamme gehalten.
- **Beobachtung:**
  - Der Kohlenwasserstoff brennt mit leuchtender Flamme.
  - An der Innenseite des Becherglases bilden sich an den Stellen, die mit Bariumhydroxid-Lösung benetzt wurden, weiße Schlieren.
- **Auswertung:** Der Kohlenwasserstoff ist brennbar. Durch die Trübung der Bariumhydroxid-Lösung wurde Kohlenstoffdioxid in den Verbrennungsgasen nachgewiesen.
- $Ba(OH)_2 + CO_2 \longrightarrow BaCO_3 + H_2O$

  *alternativ:*

  $Ca(OH)_2 + CO_2 \longrightarrow CaCO_3 + H_2O$

BE

3.1 Lesen Sie den Text „Kaliumchlorid, ein Verwandter des Natriumchlorids" und beantworten Sie die nachstehenden Aufgaben.

---

### Kaliumchlorid, ein Verwandter des Natriumchlorids

Kaliumchlorid und Natriumchlorid sind salzartige Stoffe, die aus positiv geladenen und negativ geladenen Ionen aufgebaut sind. Im Labor können diese Stoffe durch die Reaktion von Salzsäure mit dem entsprechenden Metallhydroxid gewonnen werden. In der Natur kommen sie in Salzlagerstätten als Bestandteile des Kalisalzes oder Steinsalzes vor. Hauptsächlich durch bergmännischen Abbau oder Aussolung werden diese Salze gewonnen.

Kaliumchlorid ist ein weißer, kristalliner Stoff, der im Gegensatz zu Natriumchlorid nicht so salzig, dafür aber bitter schmeckt. Unter anderem werden Kaliumchlorid und Natriumchlorid in der Medizin als Bestandteile physiologischer Lösungen verwendet.

---

– Notieren Sie Name und Formel des Metallhydroxides, mit dem im Labor Kaliumchlorid gewonnen werden kann.
– Beschreiben Sie eine Form der Gewinnung von Kaliumchlorid aus natürlichen Vorkommen.
– Stellen Sie in einer Tabelle vier Eigenschaften des Kaliumchlorids den entsprechenden Eigenschaften des Natriumchlorids gegenüber.
– Geben Sie zwei weitere Verwendungsmöglichkeiten von Natriumchlorid an.            9

3.2 Gibt man die in der Tabelle aufgeführten Chloride in Wasser, so beginnen sie sich zu lösen.

| Name des Salzes | Löslichkeit in 100 mL Wasser bei 20 °C | Löslichkeit in 100 mL Wasser bei 80 °C |
|---|---|---|
| Natriumchlorid | 35,9 g | 38,1 g |
| Kaliumchlorid | 34,9 g | 51,0 g |
| Magnesiumchlorid | 54,6 g | 65,9 g |
| Zinkchlorid | 368,0 g | 541,2 g |

Tab.: Löslichkeiten verschiedener Chloride in Wasser

– Stellen Sie diese Werte in einem geeigneten Diagramm dar.
– Formulieren Sie einen Zusammenhang aus den im Diagramm dargestellten Werten.            4

3.3 **Experiment**

In einem Chemikalienschrank befinden sich zwei Gefäße A und B mit Barium-chloridlösung und Silbernitratlösung. Durch eine Unachtsamkeit sind beide Etiketten unleserlich geworden.

- Planen Sie Ihr experimentelles Vorgehen, um die Lösungen A und B zu identifizieren. Legen Sie den Plan dem Lehrer vor.

- Führen Sie das Experiment durch und notieren Sie Ihre Beobachtungen.

- Werten Sie Ihre Beobachtungen aus.

- Entwickeln Sie für einen Nachweis die Reaktionsgleichung in verkürzter Ionenschreibweise.

8

3.4 Natriumchlorid kann im Labor aus Natrium und Chlor hergestellt werden. Die dabei ablaufende chemische Reaktion kann durch folgende Reaktionsgleichung dargestellt werden:

$$2\,Na \; + \; Cl_2 \longrightarrow 2\,NaCl$$

- Berechnen Sie das Volumen von Chlor, das zur Herstellung von 100 Gramm Natriumchlorid benötigt wird.

$$\frac{4}{25}$$

# Lösungen

3.1 – Kaliumhydroxid, KOH

*Beachten Sie: Im Text sind zwei Gewinnungsformen genannt, Sie müssen jedoch nur eine Möglichkeit beschreiben.*

– Kaliumchlorid kann z. B. durch bergmännischen Abbau gewonnen werden. Dazu werden Schachtanlagen genutzt. Untertage werden die Salzvorräte mit Maschinen gebrochen, nach oben gefördert und aufbereitet.

*alternativ:*
Kaliumchlorid kann z. B. durch Aussolung gewonnen werden. Dazu wird Wasser von der Erdoberfläche mit Pumpen in die Salzlagerstätte gepresst. Das Salz löst sich, die gebildete Sole wird nach oben gefördert und weiterverarbeitet.

*Beachten Sie, dass eine Tabelle gefordert ist.*
*Die Aufgabenstellung legt nicht fest, dass die Eigenschaften ausschließlich aus dem Text entnommen werden müssen.*

|  | **Natriumchlorid** | **Kaliumchlorid** |
|---|---|---|
| Farbe | weiß | weiß |
| Form | kristallin | kristallin |
| Geschmack | salzig | bitter |
| Dichte | $2{,}26\ g \cdot cm^3$ | $1{,}98\ g \cdot cm^3$ |

– z. B. Tausalz (Streusalz), Konservierungsstoff

3.2 *Aus den Tabellenwerten müssen Sie ein Diagramm entwickeln. Verwenden Sie zur Darstellung Millimeterpapier. Als geeignete Diagrammformen bieten sich Säulendiagramm, Balkendiagramm und Streckendiagramm an.*

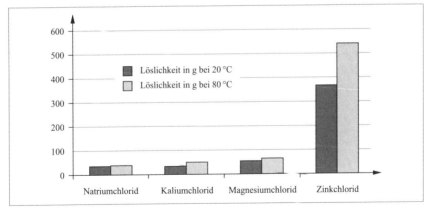

– Bei höheren Temperaturen ist die Löslichkeit von Salzen größer.

*alternativ:*
Die beste Löslichkeit unter den aufgeführten Salzen hat Zinkchlorid.

**3.3** *Bevor Sie experimentieren, müssen Sie einen Plan vorlegen. Beachten Sie dabei, dass die im Unterricht vermittelten Nachweisreaktionen für Chlorid- und Sulfat-Ionen auch in umgekehrter Weise angewendet werden können. Es gibt mehrere Lösungsansätze. Es reicht aus, wenn Sie eine Substanz identifizieren.*

**– Plan:**
Die Chlorid-Ionen in der Bariumchlorid-Lösung können mit Silber-Ionen anhand eines weißen Niederschlages nachgewiesen werden. Dazu fordere ich Silbernitrat-Lösung an.

*alternativ:*
Die Barium-Ionen in der Bariumchlorid-Lösung können mit Sulfat-Ionen anhand eines weißen Niederschlages nachgewiesen werden. Dazu fordere ich verdünnte Schwefelsäure an.

*alternativ:*
Die Silber-Ionen in der Silbernitrat-Lösung können mit Chlorid-Ionen anhand eines weißen Niederschlages nachgewiesen werden. Dazu fordere ich verdünnte Chlorwasserstoffsäure an.

*alternativ:*
Die Silber-Ionen in der Silbernitrat-Lösung können mit Chlorid-Ionen anhand eines weißen Niederschlages nachgewiesen werden. Dazu fordere ich eine Natriumchlorid-Lösung an.

**– Beobachtungen:**
Beim Versetzen mit Silbernitrat-Lösung zeigt sich in der Lösung A keine Veränderung, in der Lösung B fällt ein deutlicher weißer Niederschlag aus.

**– Auswertung:**
Im Gefäß A befindet sich die Silbernitrat-Lösung, in Gefäß B die Bariumchlorid-Lösung.

$$– Ag^+ + Cl^- \longrightarrow AgCl$$

**3.4** *Im Text ist die Masse des Natriumchlorids gegeben, die Reaktionsgleichung enthält die Stoffmengen von Chlor und Natriumchlorid. Im Tafelwerk finden Sie die molare Masse von Natriumchlorid und das molare Volumen aller Gase beträgt $22{,}4\,L \cdot mol^{-1}$.*

**Berechnung:**
Reaktionsgleichung:

$$2\,Na + Cl_2 \longrightarrow 2\,NaCl$$

Gesucht: $V_1$ (Chlor)

Gegeben: $m_2$ (Natriumchlorid) = 100 g

$n_1 = 1$ mol $\qquad V_m = 22{,}4\,L \cdot mol^{-1}$

$n_2 = 2$ mol $\qquad M_2 = 58{,}5\,g \cdot mol^{-1}$

**Lösung:**

$$\frac{V_1}{m_2} = \frac{n_1 \cdot V_m}{n_2 \cdot M_2}$$

$$\frac{V_1}{100\,g} = \frac{1\,mol \cdot 22{,}4\,L \cdot mol^{-1}}{2\,mol \cdot 58{,}5\,g \cdot mol^{-1}}$$

$$V_1 = 19{,}1\,L$$

**Antwortsatz:** Um 100 g Natriumchlorid herzustellen, sind 19,1 Liter Chlor notwendig.

*Alternativer Rechenweg:*

1. Textanalyse:

$$
\begin{array}{ccc}
& V & 100\ \text{g} \\
2\ \text{Na}\ +\ \text{Cl}_2 & \longrightarrow & 2\ \text{NaCl}
\end{array}
$$

2. Stoffmenge:            1 mol          2 mol

3. molare Größe:       $22,4\ \text{L} \cdot \text{mol}^{-1}$    $58,5\ \text{g} \cdot \text{mol}^{-1}$

4. Volumen/Masse:      22,4 L         117 g

5. Verhältnisgleichung:    $\dfrac{V}{22,4\ \text{L}} = \dfrac{100\ \text{g}}{117\ \text{g}}$

6. Lösung und Ergebnis:    $V = 19,1\ \text{L}$

7. Antwortsatz:   Um 100 g Natriumchlorid herzustellen, sind 19,1 Liter Chlor notwendig.

BE

4.1 Ethan und Ethanol sind organische Stoffe mit ähnlichen Molekülstrukturen, die unterschiedlichen Stoffgruppen angehören.

– Notieren Sie die jeweils entsprechende Formel für Ethan und Ethanol.

– Vergleichen Sie den Bau der beiden Stoffe, indem Sie zwei Gemeinsamkeiten und einen Unterschied angeben.

– Geben Sie an, zu welcher Stoffklasse Ethanol zugeordnet werden kann.      5

4.2 Seit ca. 5 000 Jahren sind die Menschen in der Lage, aus zuckerhaltigen Stoffen alkoholische Getränke herzustellen. Diese bilden ein Gemisch aus Ethanol und Wasser. Um den prozentualen Anteil des Alkohols im Getränk zu erhöhen, wendet man das Verfahren der Destillation an.

– Geben Sie die Bezeichnung des biochemischen Vorganges zur Herstellung von Ethanol an.

– Notieren Sie eine Wortgleichung für die Herstellung von Ethanol.

– Erläutern Sie das Prinzip der Destillation.

– Stellen Sie den Zusammenhang zwischen Eigenschaften und Verwendung von Ethanol anhand von zwei Beispielen dar.      8

4.3 Weinbrand kann man zum Flambieren von Obstsalaten verwenden.

– Berechnen Sie das Volumen an Kohlenstoffdioxid, das bei der Verbrennung von 20 g Ethanol entsteht.

$$C_2H_5OH \;+\; 2\,O_2 \;\longrightarrow\; 2\,CO_2 \;+\; 3\,H_2O$$      4

**4.4 Experiment**

In den mit A, B und C gekennzeichneten Gefäßen befinden sich die farblosen Flüssigkeiten Hexan, Ethanol und verdünnte Essigsäure (Ethansäure). Identifizieren Sie die drei Stoffproben.

– Teilen Sie die Stoffproben und führen Sie die folgenden Experimente durch:
   a) Geruchsprobe
   b) Versetzen Sie die Stoffproben mit Universalindikator.
   c) Überprüfen Sie die Löslichkeit der Stoffproben in Wasser.

– Notieren Sie Ihre Beobachtungen für die Experimente in einer geeigneten Tabelle.

– Ordnen Sie die Stoffe den Gefäßen A, B und C zu.

– Begründen Sie mithilfe der Beobachtungen Ihre Zuordnung für einen Stoff.      8
                                                                                                          ――
                                                                                                          25

# Lösungen

**4.1** *Die Aufgabenstellung legt nicht fest, ob Sie die ausführlichen oder die verkürzten Struk-*
*turformeln bzw. die Summenformeln angeben müssen.*

- Ethan, z. B.: $CH_3-CH_3$     Ethanol, z. B.: $CH_3-CH_2-OH$

- **Gemeinsamkeiten z. B.:** Am Bau der Moleküle sind 2 Kohlenstoffatome beteiligt. Am Bau der Moleküle sind 6 Wasserstoffatome beteiligt.
  **Unterschied z. B.:** Das Ethanmolekül ist nur aus Kohlenstoff- und Wasserstoffatomen aufgebaut. Im Ethanolmolekül ist zusätzlich ein Sauerstoffatom vorhanden.

- Der Stoff Ethanol wird in die Stoffklasse der Molekülsubstanzen eingeordnet.

**4.2** – Der biochemische Vorgang zur Herstellung von Ethanol heißt alkoholische Gärung.

- Traubenzucker $\longrightarrow$ Ethanol + Kohlenstoffdioxid

- Bei der alkoholischen Gärung entsteht, bedingt durch die Lebensbedingungen der beteiligten Hefepilze, eine ca. 15 %ige alkoholische Lösung. Beim Erhitzen verdampft zuerst Ethanol, das Wasser bleibt im flüssigen Aggregatzustand. Die Alkoholdämpfe werden abgekühlt und kondensieren. So entsteht eine höherprozentige Lösung.

*Beachten Sie die den logischen Zusammenhang zwischen Eigenschaft und Verwendung.*

- Ethanol ist brennbar und kann somit als Brennspiritus verwendet werden. Ethanol ist mit vielen Stoffen gut mischbar und löst diese. Deshalb wird Ethanol als Reinigungsmittel eingesetzt.

**4.3** *Im Text ist die Masse des Ethanols gegeben, die Reaktionsgleichung enthält die Stoff-*
*mengen von Ethanol und Kohlenstoffdioxid. Im Tafelwerk finden Sie die molare Masse*
*von Ethanol und das molare Volumen aller Gase beträgt 22,4 L · mol⁻¹.*

**Berechnung:**
Reaktionsgleichung:

$$C_2H_5OH + 3 O_2 \longrightarrow 2 CO_2 + 3 H_2O$$

Gesucht:  $V_1$ (Kohlenstoffdioxid)

Gegeben:  $m_2$ (Ethanol) = 20 g
$\qquad\quad n_1 = 2$ mol $\qquad V_m = 22,4$ L · mol⁻¹
$\qquad\quad n_2 = 1$ mol $\qquad M = 46$ g · mol⁻¹

**Lösung:**

$$\frac{V_1}{m_2} = \frac{n_1 \cdot V_m}{n_2 \cdot M_2}$$

$$\frac{V_1}{20\,\text{g}} = \frac{2\,\text{mol} \cdot 22,4\,\text{L} \cdot \text{mol}^{-1}}{1\,\text{mol} \cdot 46\,\text{g} \cdot \text{mol}^{-1}}$$

$$V = 19,5\,\text{L}$$

**Antwortsatz:** Bei der Verbrennung von 20 g Ethanol entstehen 19,5 Liter Kohlenstoffdioxid.

*Alternativer Rechenweg:*

1. Textanalyse:

$$20\,g \qquad\qquad V$$
$$C_2H_5OH + 3\,O_2 \longrightarrow 2\,CO_2 + 3\,H_2O$$

2. Stoffmenge:      1 mol      2 mol

3. molare Größe:    $46\,g \cdot mol^{-1}$    $22,4\,L \cdot mol^{-1}$

4. Masse/Volumen:   46 g    44,8 L

5. Verhältnisgleichung:

$$\frac{20\,g}{46\,g} = \frac{V}{44,8\,L}$$

$$V = 19,5\,L$$

6. Lösung und Ergebnis:    $V = 19,5\,L$

7. Antwortsatz: Bei der Verbrennung von 20 g Ethanol entstehen 19,5 Liter Kohlenstoffdioxid.

**4.4** *Arbeiten Sie beim Experiment nach der Arbeitsanleitung. Beachten Sie, dass die Beobachtungen in einer Tabelle erfasst werden sollen.*

– **Beobachtungen:**

| Stoff | A | B | C |
|---|---|---|---|
| **Geruch** | charakteristisch alkoholartig | stechend | benzinartig |
| **Färbung von Universalindikator** | orange | rot | grün |
| **Löslichkeit in Wasser** | erst helle Schlieren, später klare Lösung | klare Lösung | Stoff schwimmt auf dem Wasser |

– Im Gefäß **A** ist Ethanol, in **B** verdünnte Essigsäure und in **C** Hexan.

– Essigsäure bildet in der Lösung Wasserstoff-Ionen, diese färben den Universalindikator rot.

*alternativ:*
Hexan ist ein Kohlenwasserstoff und als solcher nicht in Wasser löslich.

*alternativ:*
Der charakteristische Geruch und die gute Mischbarkeit mit Wasser sind eindeutige Eigenschaften des Ethanols.

BE

1.1 Ihnen werden folgende Experimente demonstriert:
   a) Erhitzen von Kerzenwachs
   b) Erhitzen von Traubenzucker
   c) Erhitzen eines Magnesiumspans

   – Notieren Sie Ihre Beobachtungen zu den Experimenten a), b) und c).
   – Ordnen Sie die Experimente physikalischen Vorgängen bzw. chemischen Reaktionen zu und begründen Sie Ihre Zuordnungen.
   – Geben Sie je ein Beispiel für die Bedeutung chemischer Reaktionen zur Stoffgewinnung und zur Energiebereitstellung an.                      11

1.2 Für Magnesium und Traubenzucker lassen sich folgende Angaben gegenüberstellen:
   – Übernehmen Sie die Tabelle in Ihre Arbeit und ergänzen Sie die fehlenden Angaben.

| | **Magnesium** | **Traubenzucker** |
|---|---|---|
| Stoffklasse | – | – Molekülsubstanz |
| Eigenschaften | | |
| – Farbe | | – weiß |
| – | – 1,71 g · cm$^{-3}$ | – |
| – | | – 146 °C |
| – elektrische Leitfähigkeit | – | – |
| Verwendung | – | – |

5

1.3 Eis – Wasser – Dampf sind verschiedene Aggregatzustände eines Stoffes.
   – Geben Sie die Formel dieses Stoffes an.
   – Entwickeln Sie die Reaktionsgleichung für die Bildung von Wasser aus den Elementen.
   – Folgende Aussagen sind wahr oder falsch. Berichtigen Sie die falsche Aussage.
   a) Wasser ist aus Molekülen aufgebaut.
   b) Ein Wasserteilchen besteht aus zwei Wasserstoff-Ionen und einem Sauerstoff-Ion.
   c) Innerhalb der Wasserteilchen liegen Atombindungen vor.                      4

1.4 Modelle helfen uns, chemische Sachverhalte zu erklären.
   – Leiten Sie aus der Stellung des Elementes Neon im Periodensystem der Elemente drei Aussagen über den Atombau ab.
   – Notieren Sie Name und chemisches Zeichen eines Ions, das …
   a) die gleiche Anzahl an Außenelektronen besitzt wie das Neon-Atom.
   b) die gleiche Anzahl an besetzten Elektronenschalen besitzt wie das Neon-Atom.   $\underline{5}$
                                                                                    25

# Lösungen

**1.1** *Es ist davon auszugehen, dass das Demonstrationsexperiment in folgender Weise vorgeführt wurde:*
*a) Im Reagenzglas wird ein Stück Kerzenwachs kurzzeitig erhitzt.*
*b) Im Reagenzglas wird eine Stoffprobe Traubenzucker erhitzt.*
*c) Ein Magnesiumspan wird zunächst in die Brennerflamme gehalten und danach herausgenommen.*

– **Beobachtungen:**
a) Das feste Stück Kerzenwachs beginnt zu schmelzen.
b) Der pulverförmige Traubenzucker beginnt nach kurzer Zeit zu schmelzen und verändert seine Farbe von weiß über gelb und braun zu schwarz. Dabei entstehen Gase, die einen unangenehmen Geruch haben.
c) In der Brennerflamme entzündet sich der Magnesiumspan und brennt außerhalb der Flamme weiter. Es kommt zu einer grellen Lichterscheinung. Schließlich entsteht ein weißes Pulver.

– *Beachten Sie, dass Sie jeweils eine Entscheidung fällen und die Zuordnung begründen müssen.*

Das Teilexperiment **a** ist ein **physikalischer Vorgang**, weil sich lediglich der Aggregatzustand ändert. Die wesentlichen Eigenschaften des Stoffes bleiben erhalten.
Beim Erhitzen von Traubenzucker im Teilexperiment **b** handelt es sich um eine **chemische Reaktion**, weil ein neuer Stoff mit anderen Eigenschaften entsteht: Aus dem weißen, pulvrigen Traubenzucker wird u. a. ein fester schwarzer Stoff und ein übelriechendes Gas.
Das Erhitzen des Magnesiumspans im Teilexperiment **c** ist ebenfalls eine **chemische Reaktion**. Der silbrig glänzende, biegbare Magnesiumspan verändert sich zu einem weißen Pulver.

– *Die Aufgabenstellung gestattet Ihnen ein breites Spektrum an Antworten. Sie müssen sich nicht auf die im Experiment verwendeten Stoffe beziehen.*

Chemische Reaktionen werden zur Herstellung von **Kunststoffen** genutzt.
Durch die **Verbrennung von Heizgas** im Haushalt wird Wärmeenergie bereitgestellt.

**1.2**

| | Magnesium | Traubenzucker |
|---|---|---|
| Stoffklasse | – Metalle | – Molekülsubstanzen |
| Eigenschaften<br>– Farbe<br>– Dichte<br>– Schmelztemperatur<br>– elektrische Leitfähigkeit | – silbrig grau<br>– $1{,}71 \text{ g} \cdot \text{cm}^{-3}$<br>– $650\,°C$<br>– ja | – weiß<br>– $1{,}54 \text{ g} \cdot \text{cm}^{-3}$<br>– $146\,°C$<br>– nein |
| Verwendung | – z. B. Werkstoff im Fahrzeugbau | – z. B. Nahrungsmittel |

**1.3** – $H_2O$

– $2\,H_2 \; + \; O_2 \;\longrightarrow\; 2\,H_2O$

– Die falsche Aussage ist **b**. Richtig muss sie lauten: Ein Wasserteilchen besteht aus zwei Wasserstoff**atomen** und einem Sauerstoff**atom**.

1.4 – *Beachten Sie, dass Sie die Aussagen zum Atombau aus der Stellung des Elements im Periodensystem der Elemente ableiten müssen.*

Das Element Neon hat im Periodensystem die Ordnungszahl 10. Das bedeutet, dass das Neonatom **10 Protonen** aufweist. Weil das Element Neon in der VIII. Hauptgruppe eingeordnet ist, kann ich schlussfolgern, dass das Neonatom **8 Außenelektronen** hat. Die Zuordnung zur 2. Periode weist darauf hin, dass die Elektronen auf **zwei Schalen** verteilt sind.

– a)  z. B. Fluorid-Ion $F^-$

  *alternativ:*
  z. B. Natrium-Ion $Na^+$

  *alternativ:*
  z. B. Calcium-Ion $Ca^{2+}$

b)  z. B. Fluorid-Ion $F^-$

  *alternativ:*
  z. B. Natrium-Ion $Na^+$

  *alternativ:*
  z. B. Oxid-Ion $O^{2-}$

BE

2.1 Lesen Sie den Text „Schwefel – ein Nichtmetall" und bearbeiten Sie die nachstehenden Aufgaben:

### Schwefel – ein Nichtmetall

Schwefel ist ein spröder, fester, mattgelber Stoff. Er ist geruchlos, wasserunlöslich und nicht elektrisch leitfähig. Man findet ihn in vulkanischen Ablagerungen und als Bestandteil vieler Mineralien. Schwefel kommt in unterschiedlichen Erscheinungsformen (Modifikationen) vor, als rhombischer Schwefel, mit Kristallen in Doppelpyramidenform und als monokliner Schwefel aus nadelförmigen Kristallen.
Beim Verbrennen von Schwefel entsteht ein Gas, das als Luftschadstoff bekannt ist. Diese chemische Reaktion wird aber auch bewusst genutzt beim „Schwefeln". Winzer nutzen sie zur Desinfektion von Weintanks, aber auch zum Bleichen von Kartoffelklößen kann sie eingesetzt werden.
Über zwei Zwischenstufen dienen Schwefel bzw. Schwefelverbindungen als Ausgangsstoff der Schwefelsäureherstellung.

– Begründen Sie anhand von zwei Eigenschaften die Zuordnung von Schwefel zu den Nichtmetallen.
– Erstellen Sie einen Steckbrief mit acht Angaben zu Vorkommen, Eigenschaften und Verwendung von Schwefel.
– Formulieren Sie für das Verbrennen von Schwefel die Reaktionsgleichung.          8

2.2 Schwefeldioxid ist ein bekannter Luftschadstoff.
– Notieren Sie zwei weitere Nichtmetalloxide mit Name und Formel, die als Luftschadstoffe bedeutsam sind.
– Wählen Sie einen Luftschadstoff aus und erstellen Sie eine Übersicht (z. B. Mind-Map, Tabelle) zu folgenden Schwerpunkten:
a) zwei Verursacher
b) Schadwirkung
c) drei Möglichkeiten zur Umweltentlastung          6

2.3 Die Gewinnung des in Erdöl oder Erdgas gebundenen Schwefels lässt sich durch folgende Reaktionsgleichung zusammenfassen:

$$6 H_2S + 3 O_2 \longrightarrow 6 S + 6 H_2O$$

– Berechnen Sie, welches Volumen an Sauerstoff nötig ist, um 12 kg Schwefel zu gewinnen.          4

2.4 **Experiment**
In mit A, B und C gekennzeichneten Gefäßen befinden sich drei weiße Feststoffe. Dabei handelt es sich um Natriumsulfat, Calciumsulfat und Calciumcarbonat. Nur Natriumsulfat ist gut in Wasser löslich.
Ermitteln Sie, in welchem Gefäß sich Calciumsulfat befindet.

– Planen Sie Ihr experimentelles Vorgehen und legen Sie den Plan dem Lehrer vor.

- Führen Sie das Experiment durch.
- Notieren Sie Ihre Beobachtungen und schlussfolgern Sie daraus, in welchem Gefäß sich Calciumsulfat befindet.

$\frac{7}{25}$

---

## Lösungen

2.1 – *Beachten Sie den Operator „Begründen".*

Schwefel ist **spröde**, dagegen sind alle Metalle biegbar. Schwefel ist **nicht elektrisch leitfähig**, alle Metalle sind aber gute elektrische Leiter.

– **Steckbrief Schwefel**

*Insgesamt reichen 8 Angaben aus. Achten Sie darauf, die Gliederung einzuhalten. Sie können auch Angaben verwenden, die nicht im Text vorkommen.*

Vorkommen:
- in mineralischen Ablagerungen
- Bestandteil vieler Mineralien

Eigenschaften:
- spröde
- fest
- mattgelb
- geruchlos
- wasserunlöslich
- nicht elektrisch leitfähig

Verwendung:
- Herstellung der Schwefelsäure
- Desinfektion von Weintanks
- Schwefeln (Bleichen) von Kartoffelklößen

– $S + O_2 \longrightarrow SO_2$
*alternativ:*
$2\,S + 3\,O_2 \longrightarrow 2\,SO_3$

2.2 – z. B. Stickstoffdioxid $NO_2$, Stickstoffmonooxid NO

*alternativ:*
Kohlenstoffmonooxid CO, Kohlenstoffdioxid $CO_2$

– *Stellen Sie Ihre Aussagen in der geforderten Form und Gliederung dar. Als Lösungsvorschlag eine Tabelle für Schwefeldioxid:*

| Stoff | Schwefeldioxid |
|---|---|
| **Verursacher** | – schwefelhaltige Kohle wird verbrannt<br>– Kraftstoff mit Schwefelanteil wird in Kraftfahrzeugen verbrannt |
| **Schadwirkung** | – saurer Regen |
| **Möglichkeiten der Umweltentlastung** | – schwefelfreien Kraftstoff benutzen<br>– andere Energieträger auswählen<br>– Energiebedarf senken |

**2.3** *Im Text ist die Masse des Schwefels gegeben, die Reaktionsgleichung enthält die Stoffmengen von Schwefel und Sauerstoff. Im Tafelwerk findet man die molare Masse von Schwefel und das molare Volumen aller Gase beträgt $22{,}4\ L \cdot mol^{-1}$.*

**Berechnung:**

Reaktionsgleichung:

$$6\,H_2S\ +\ 3\,O_2\ \longrightarrow\ 6\,S\ +\ 6\,H_2O$$

Gesucht: $V_1$ (Sauerstoff)

Gegeben: $m_2$ (Schwefel) = 12 kg

$\quad\quad\quad n_1 = 3\ \text{mol} \quad\quad V_m = 22{,}4\ \text{L} \cdot \text{mol}^{-1}$

$\quad\quad\quad n_2 = 6\ \text{mol} \quad\quad M_2 = 32\ \text{g} \cdot \text{mol}^{-1}$

**Lösung:**

$$\frac{V_1}{m_2} = \frac{n_1 \cdot V_m}{n_2 \cdot M_2}$$

$$\frac{V_1}{12\,\text{kg}} = \frac{3\,\text{mol} \cdot 22{,}4\,\text{L} \cdot \text{mol}^{-1}}{6\,\text{mol} \cdot 32\,\text{g} \cdot \text{mol}^{-1}}$$

$$\frac{V_1}{12\,000\,\text{g}} = \frac{3\,\text{mol} \cdot 22{,}4\,\text{L} \cdot \text{mol}^{-1}}{6\,\text{mol} \cdot 32\,\text{g} \cdot \text{mol}^{-1}}$$

$$V_1 = 4\,200\,\text{L}$$

**Antwortsatz:** Um 12 kg Schwefel zu gewinnen, ist ein Volumen von 4 200 Litern Sauerstoff notwendig.

*Alternativer Rechenweg:*

1. Textanalyse:

| | $V$ | 12 kg |
|---|---|---|
| | $6\,H_2S\ +\ 3\,O_2\ \longrightarrow$ | $6\,S\ +\ 6\,H_2O$ |

2. Stoffmenge: $\quad\quad\quad\quad\quad$ 3 mol $\quad\quad\quad\quad$ 6 mol

3. molare Größe: $\quad\quad\quad\quad$ $22{,}4\ \text{L} \cdot \text{mol}^{-1}$ $\quad\quad$ $32{,}4\ \text{g} \cdot \text{mol}^{-1}$

4. Volumen/Masse: $\quad\quad\quad$ 67,2 L $\quad\quad\quad\quad$ 192 g

5. Verhältnisgleichung:

$$\frac{V}{67{,}2\,\text{L}} = \frac{12\,\text{kg}}{192\,\text{g}}$$

$$\frac{V}{67{,}2\,\text{L}} = \frac{12\,000\,\text{g}}{192\,\text{g}}$$

6. Lösung und Ergebnis: $V = 4\,200\,\text{L}$

7. Antwortsatz: Um 12 kg Schwefel zu gewinnen, ist ein Volumen von 4 200 Litern Sauerstoff notwendig.

**2.4** – *Bevor Sie experimentieren, müssen Sie einen Plan vorlegen.*

**Plan:** Zuerst werden Stoffproben der Stoffe A, B und C mit Wasser versetzt. Da nur Natriumsulfat gut in Wasser löslich ist, kann dieser Stoff eindeutig bestimmt werden.
Um Calciumcarbonat von Calciumsulfat zu unterscheiden, nutzt man die Tatsache aus, dass Carbonate durch Säuren zersetzt werden. Der Stoff, bei dem mit einer Säure keine Reaktion auftritt, muss Calciumsulfat sein.

*Variante zur Unterscheidung von Calciumcarbonat und Calciumsulfat: Calciumcarbonat wird bei einer Temperatur von 900 °C zersetzt, Calciumsulfat schmilzt bei 1 450 °C. Damit ist Calciumsulfat der Stoff, der beim starken Erhitzen schmilzt und sich nicht zersetzt.*
*Diese Vorgehensweise ist unter den schulischen Experimentierbedingungen aber kaum möglich.*

- **Experiment**
- **Beobachtungen:** Beim Versetzen mit Wasser entstehen bei den Stoffen A und B trübe Aufschlämmungen. Das Gemisch aus Wasser und dem Stoff C ist klar. Tropft man zum Stoff A etwas Säure, so schäumt der Stoff unter Zischen auf. Bei Stoff B passiert nichts.

  **Schlussfolgerung:** Aus den Beobachtungsergebnissen schlussfolgere ich, dass das Calciumsulfat im Reagenzglas B sein muss, da es nicht löslich ist und durch Säuren nicht zersetzt wird.

BE

3.1 **Experiment**

In mit A und B gekennzeichneten Gefäßen befinden sich Feststoffe, bei denen es sich um Kalkentferner und Spülmaschinenpulver handelt.

– Planen Sie Ihr experimentelles Vorgehen, um den säurehaltigen Feststoff zu identifizieren. Legen Sie den Plan dem Lehrer vor.

– Führen Sie das Experiment durch.

– Notieren Sie Ihre Beobachtungen.

– Werten Sie Ihre Beobachtungen aus. Übernehmen Sie dazu die Tabelle in Ihre Arbeit und ergänzen Sie diese.

| | Name und chemisches Zeichen des in der Lösung nachgewiesenen Teilchens | Charakter der Lösung |
|---|---|---|
| Feststoff A | | |
| Feststoff B | | |

– Ordnen Sie den mit A und B gekennzeichneten Gefäßen den jeweiligen Feststoff zu.

10

3.2 Essigessenz enthält 25 % einer Säure.

– Geben Sie den chemischen Namen und die Formel dieser Säure an.

– Begründen Sie zwei Regeln zum sachgerechten Umgang mit Essigessenz.

3

3.3 Zur Herstellung von Schwefelsäure werden Schwefeltrioxid und Wasser verwendet. Die vereinfachte Reaktionsgleichung lautet.

$$SO_3 + H_2O \longrightarrow H_2SO_4$$

– Berechnen Sie die Masse an Schwefeltrioxid, die zur Herstellung von 10 t reiner Schwefelsäure eingesetzt werden muss.

4

3.4 Lesen Sie den Text „Sodbrennen" und bearbeiten Sie die nachstehenden Aufgaben:

### Sodbrennen

Als Sodbrennen bezeichnet man brennende Schmerzen hinter dem Brustbein, die bis zum Hals und Rachen ausstrahlen können. Dieser Schmerz wird durch das Aufsteigen von Magensaft (Magensäure) in die Speiseröhre verursacht. Magensaft besteht aus Schleim, Salzsäure, Wasser und Enzymen. Eiweiße werden im Magen von der Salzsäure so verändert, dass sie von den Enzymen des Magensaftes abgebaut werden können. Außerdem tötet die Salzsäure Bakterien. Magensäure besitzt bei Nüchternheit einen pH-Wert von 1–1,5. Ist der Magen mit Speisen gefüllt, beträgt der pH-Wert 2–4.
Sodbrennen kann mit verschiedenen Medikamenten behandelt werden. Diese enthalten neben verschiedenen Wirkstoffen den Bestandteil Magnesiumhydroxid. Bereits kurze Zeit nach der Einnahme führen Medikamente gegen Sodbrennen zur Beschwerdefreiheit.

- Entwickeln Sie die Reaktionsgleichung für die chemische Reaktion von Salzsäure mit Magnesiumhydroxid.
- Ordnen Sie diese chemische Reaktion der entsprechenden Reaktionsart zu.
- Erläutern Sie das Wesen dieser Reaktionsart.
- Erstellen Sie für Salzsäure einen Steckbrief mit sechs Angaben. $\dfrac{8}{25}$

---

## Lösungen

3.1 – *Bevor Sie experimentieren, müssen Sie einen Plan vorlegen.*

**Plan:** Von den Feststoffen stelle ich zunächst Lösungen her. Die Lösungen überprüfe ich mit Universalindikator-Lösung (Unitest). Der säurehaltige Stoff färbt Unitest rot.

- **Experiment**

- **Beobachtungen:** Die Lösung des Stoffes A färbt Unitest rot. Die Lösung des Stoffes B färbt Unitest blau.

| | Name und chemisches Zeichen des in der Lösung nachgewiesenen Teilchens | Charakter der Lösung |
|---|---|---|
| Feststoff A | Wasserstoff-Ion, $H^+$ | sauer |
| Feststoff B | Hydroxid-Ion, $OH^-$ | basisch |

- A ist Kalkentferner, B ist Spülmaschinenpulver.

3.2 – Essigsäure (Ethansäure); Formel: $CH_3COOH$

- *Beachten Sie, dass die Regeln zum Umgang mit Essigessenz zu begründen sind.*

Da Essigessenz stark ätzend ist, darf dieser Stoff nur **verdünnt angewendet** werden. Da Essigessenz stark ätzend ist, muss der Stoff **außerhalb der Reichweite von Kindern** aufbewahrt werden.

3.3 *Im Text ist die Masse der Schwefelsäure gegeben, die Reaktionsgleichung enthält die Stoffmengen von Schwefeltrioxid und Schwefelsäure. Im Tafelwerk finden Sie die molaren Massen von Schwefeltrioxid und Schwefelsäure.*

**Berechnung:**

Reaktionsgleichung:

$$SO_3 + H_2O \longrightarrow H_2SO_4$$

Gesucht: $m_1$ (Schwefeltrioxid)

Gegeben: $m_2$ (Schwefelsäure) = 10 t

$n_1 = 1$ mol $\qquad M_1 = 80{,}1$ g $\cdot$ mol$^{-1}$

$n_2 = 2$ mol $\qquad M_2 = 98{,}1$ g $\cdot$ mol$^{-1}$

**Lösung:**

$$\frac{m_1}{m_2} = \frac{n_1 \cdot M_1}{n_2 \cdot M_2}$$

$$\frac{m_1}{10\,t} = \frac{1\,mol \cdot 80,1\,g \cdot mol^{-1}}{1\,mol \cdot 98,1\,g \cdot mol^{-1}}$$

$$m_1 = 8,2\,t$$

**Antwortsatz:** Um 10 t reine Schwefelsäure herzustellen, sind 8,2 t Schwefeltrioxid notwendig.

_Alternativer Rechenweg:_

| | | |
|---|---|---|
| 1. Textanalyse: | $m$ | 10 t |
| | $SO_3$ + $H_2O$ ⟶ | $H_2SO_4$ |
| 2. Stoffmenge: | 1 mol | 1 mol |
| 3. molare Größe: | 80,1 g · mol$^{-1}$ | 98,1 g · mol$^{-1}$ |
| 4. Masse: | 80,1 g | 98,1 g |

5. Verhältnisgleichung: $\dfrac{m}{80,1\,g} = \dfrac{10\,t}{98,1\,g}$

6. Lösung und Ergebnis: $m = 8,2\,t$

7. Antwortsatz: Um 10 t reine Schwefelsäure herzustellen, sind 8,2 t Schwefeltrioxid notwendig.

3.4 – $Mg(OH)_2$ + 2 $HCl$ ⟶ $MgCl_2$ + 2 $H_2O$
 – Diese chemische Reaktion ist eine **Neutralisation**.
 – Bei einer Neutralisation reagieren Wasserstoff-Ionen und Hydroxid-Ionen zu Wassermolekülen.

_alternativ:_
Bei einer Neutralisation reagieren eine saure Lösung und eine basische Lösung zu einer neutralen Lösung.

 – _Beachten Sie, dass der Steckbrief für Salzsäure und nicht für das Gas Chlorwasserstoff gefordert ist (vgl. Tafelwerk). Sie können auch Angaben verwenden, die nicht im Text vorkommen._

**Steckbrief Salzsäure**

wissenschaftlicher Name: Chlorwasserstoffsäure

Vorkommen im Körper: Magensaft

Eigenschaften:
 • farblos
 • flüssig
 • ätzend

Wirkung auf Bakterien: tödlich

_weitere mögliche Angaben wären z. B.: baut Eiweiße ab, führt zu Sodbrennen, Salze heißen Chloride, Formel: HCl_

BE

4.1 **Experiment**
In mit A, B und C gekennzeichneten Gefäßen befinden sich destilliertes Wasser, Eiweißlösung und Silbernitratlösung.
- Teilen Sie die Stoffproben und führen Sie die folgenden Experimente durch.
  a) Versetzen Sie die Stoffproben mit Natriumchloridlösung.
  b) Geben Sie zu den Stoffproben 10 Tropfen Alkohol.
- Notieren Sie Ihre Beobachtungen für die Experimente in einer geeigneten Tabelle.
- Werten Sie Ihre Beobachtungen aus.
- Ordnen Sie die Lösungen den Gefäßen A, B und C zu.     10

4.2 Es gibt Millionen verschiedene Eiweiße, die alle nach dem gleichen Prinzip aufgebaut sind.
- Notieren Sie zwei Nahrungsmittel mit besonders hohem Eiweißgehalt.
- Geben Sie an, aus welchen Grundbausteinen Eiweiße aufgebaut sind.
- Erläutern Sie an einem Beispiel, dass die Zerstörung von Eiweißstrukturen (Denaturierung) positive oder negative Folgen haben kann.     4

4.3 Die Stoffgruppe der Ester gewinnt immer mehr an Bedeutung.
Lesen Sie den Text „Ester" und bearbeiten Sie folgende Aufgaben:

---

### Ester

Heutzutage soll alles hygienisch sauber und wohlriechend sein. Allerdings stehen uns so viele Früchte und Kräuter, die wir für die Herstellung der meisten „guten Düfte" brauchen, nicht mehr aus der Natur zur Verfügung. Auf vielen Verpackungen von Lebensmitteln befinden sich Angaben zu naturidentischen oder künstlichen Aromastoffen. Diese, im Labor synthetisch hergestellten Stoffe, gehören zur Stoffgruppe der Ester. Ester sind Bestandteile von Aromastoffen und werden durch die chemische Reaktion einer Säure und eines Alkohols (z. B. Ethanol) gebildet. Als Nebenprodukt entsteht Wasser.
Ethansäureethylester (Ethansäureethanolester) ist eine farblose, in Wasser mäßig lösliche Flüssigkeit mit einem fruchtigen Geruch. Dieser Ester wird z. B. zur Aromatisierung von Limonaden, Bonbons und Arzneimitteln verwendet.
In sehr geringen Mengen kommt Ethansäureethylester auch im Wein vor, besonders wenn die Trauben durch Hagel oder Fäulnis geschädigt wurden. Der Wein hat dann einen leichten Lösungsmittelgeschmack.

---

- Stellen Sie die Wortgleichung für die Bildung von Ethansäureethylester auf.
- Notieren Sie die Formel der Ethansäure und des Ethanols.
- Kennzeichnen Sie in der Formel von Ethanol die Hydroxylgruppe.
- Geben Sie zwei gemeinsame und zwei unterschiedliche Eigenschaften von Ethanol und von Ethansäureethylester an.     7

4.4 Ein organischer Stoff, der als Brenngas zum autogenen Schweißen eingesetzt wird, ist Ethin (Acetylen). Dieses Gas wird in 20 Liter, 40 Liter bzw. 50 Liter Fassungsvermögen in gelb gekennzeichneten Stahlflaschen aufbewahrt.

– Berechnen Sie das Volumen an Sauerstoff, das benötigt wird, um 20 Liter Acetylen vollständig zu verbrennen.

$$2\,C_2H_2 + 5\,O_2 \longrightarrow 4\,CO_2 + 2\,H_2O \qquad \underline{\phantom{x}4\phantom{x}}$$
$$25$$

---

## Lösungen

4.1 – **Experiment**

– **Beobachtungen:**

*Erfassen Sie die Beobachtungen in einer geeigneten Tabelle.*

| Stoffprobe | A | B | C |
|---|---|---|---|
| a) Versetzen mit Natrium-chlorid-Lösung | klare Lösung | klare Lösung | weißer Niederschlag |
| b) Versetzen mit Alkohol | zunächst Schlieren, später klare Lösung | weiße Trübung | klare Lösung |

– **Auswertung:** Die Chlorid-Ionen der Natriumchlorid-Lösung sind geeignet, Silber-Ionen nachzuweisen. Bei der Reaktion entsteht ein weißer Niederschlag. Dieser trat nur bei der Stoffprobe C auf.
Alkohol wirkt auf Eiweiße denaturierend, was zur Ausflockung des Eiweißes führt. Das konnte eindeutig bei der Stoffprobe B beobachtet werden. Stoffprobe A zeigte keinerlei chemische Reaktionen.

– **Zuordnung:** A – destilliertes Wasser
B – Eiweiß-Lösung
C – Silbernitrat-Lösung

4.2 – z. B.: Fisch, Eigelb

*alternativ:*
Fleisch, Hülsenfrüchte, Eiklar usw.

– Aminosäuren

– *Beachten Sie den Operator „Erläutern". Sie können entscheiden, ob Sie positive oder negative Folgen der Denaturierung darstellen möchten.*

Eiweiße können durch Alkohol denaturiert werden. Durch alkoholhaltige Desinfektionsmittel können somit Mikroorganismen, wie z. B. Krankheitserreger, abgetötet werden.

*alternativ:*
Eiweiße können durch Alkohol denaturiert werden. Durch Alkoholmissbrauch werden daher Gehirnzellen abgetötet.

*alternativ:*
Durch Hitze werden Eiweißstrukturen zerstört. Das wird bei der Zubereitung verschiedener Nahrungsmittel ausgenutzt, um Geschmack oder Haltbarkeit zu verbessern.

*alternativ:*
Durch Hitze werden Eiweißstrukturen zerstört. Dadurch kann hohes Fieber lebensbedrohlich sein.

4.3 – *Die Wortgleichung ist ausreichend. Eine Reaktionsgleichung in Formelschreibweise ist nicht gefordert.*

Ethansäure + Ethanol $\longrightarrow$ Ethansäureethylester + Wasser

– Ethansäure: $CH_3COOH$
  Ethanol: $C_2H_5OH$

– $C_2H_5\,OH$

– gemeinsame Eigenschaften: farblos, flüssig
  unterschiedliche Eigenschaften: Ethanol – gut mit Wasser mischbar
  Ethansäureethylester – mäßig in Wasser löslich

  Ethanol – charakteristischer Geruch
  Ethansäureethylester – fruchtiger Geruch

4.4 *Im Text ist das Volumen des Acetylens gegeben, die Reaktionsgleichung enthält die Stoffmengen von Acetylen und Sauerstoff.*

**Berechnung:**
Reaktionsgleichung:

$2\,C_2H_2\ +\ 5\,O_2 \longrightarrow 4\,CO_2\ +\ 2\,H_2O$

Gesucht: $V_1$ (Sauerstoff)
Gegeben: $V_2$ (Acetylen) = 20 L
$n_1 = 5$ mol
$n_2 = 2$ mol

**Lösung:**

$$\frac{V_1}{V_2} = \frac{n_1}{n_2}$$

$$\frac{V_1}{20\ \text{L}} = \frac{5\ \text{mol}}{2\ \text{mol}}$$

$$V_1 = 50\ \text{L}$$

**Antwortsatz:** Um 20 Liter Acetylen vollständig zu verbrennen, sind 50 Liter Sauerstoff notwendig.

_Alternativer Rechenweg:_

1. Textanalyse:

$$\underset{\text{20 L}}{2\,C_2H_2} \quad + \quad \underset{V}{5\,O_2} \quad \longrightarrow \quad 4\,CO_2 \quad + \quad 2\,H_2O$$

2. Stoffmenge: 2 mol 5 mol

3. molare Größe: $22{,}4\;L \cdot mol^{-1}$ $22{,}4\;L \cdot mol^{-1}$

4. Masse: 44,8 L 112 L

5. Verhältnisgleichung: $\dfrac{20\,L}{44{,}8\,L} = \dfrac{V}{112\,L}$

6. Lösung und Ergebnis: $V = 50$ L

7. Antwortsatz: Um 20 Liter Acetylen vollständig zu verbrennen, sind 50 Liter Sauerstoff notwendig.

BE

1.1 Ihnen werden folgende Experimente demonstriert:
   a) Natriumchlorid wird auf elektrische Leitfähigkeit geprüft.
   b) Natriumchloridlösung wird auf elektrische Leitfähigkeit geprüft.
   c) Natriumchloridlösung wird mit einer farblosen Lösung versetzt.
   – Notieren Sie Ihre Beobachtungen zu den Experimenten a), b) und c).
   – Werten Sie Ihre Beobachtungen zu den Experimenten a) und b) aus. Gehen Sie
     dabei auch auf den Bau der Stoffe ein.
   – Geben Sie Name und Formel der im Experiment c) verwendeten farblosen Lö-
     sung an.
   – Entwickeln Sie für die im Experiment c) abgelaufene chemische Reaktion die
     Reaktionsgleichung in verkürzter Ionenschreibweise.                          9

1.2 Das Periodensystem der Elemente ermöglicht Aussagen über den Atombau.
   – Notieren Sie den Namen des chemischen Elementes, das im Periodensystem der
     Elemente in der VII. Hauptgruppe und in der 3. Periode steht.
   – Begründen Sie anhand von drei Aussagen zum Atombau die Stellung dieses Ele-
     mentes im Periodensystem der Elemente.
   – Vergleichen Sie den Bau des Atoms und des Ions dieses chemischen Elementes.
     Geben Sie zwei Gemeinsamkeiten und zwei Unterschiede an.                     8

1.3 Elemente können Ausgangsstoffe für die Bildung chemischer Verbindungen sein.
   – Entwickeln Sie die Wortgleichung für die Bildung von Magnesiumoxid aus den
     Elementen.
   – Erläutern Sie zwei Merkmale chemischer Reaktionen an diesem Beispiel.        5

1.4 Als man im 18. Jahrhundert bei der Untersuchung von Verbrennungen erstmals
   eine Waage verwendete, entdeckte der Wissenschaftler Lomonossow 1748 „Das
   Gesetz von der Erhaltung der Masse".
   – Entscheiden Sie, welche der folgenden Aussagen falsch ist.
   – Berichtigen Sie diese.
     a) Bei der Oxidation von Kupfer in einem abgeschlossenen System ist die
        Masse von Sauerstoff und Kupfer gleich der Masse von Kupfer(II)-oxid.
     b) Bei der Oxidation von Kupfer in einem abgeschlossenen System ist die
        Masse von Sauerstoff größer als die Masse von Kupfer(II)-oxid.
     c) Bei der Oxidation von Kupfer in einem abgeschlossenen System ist die
        Masse von Kupfer kleiner als die Masse von Kupfer(II)-oxid.
   – Formulieren Sie dieses Gesetz.                                               $\frac{3}{25}$

# Lösungen

*1.1  Es ist davon auszugehen, dass das Demonstrationsexperiment in folgender Weise vorge-*
*führt wurde:*
  *a)  Ein Natriumchlorid-Kristall wird auf elektrische Leitfähigkeit geprüft.*
  *b)  Eine Natriumchlorid-Lösung wird auf elektrische Leitfähigkeit geprüft.*
  *c)  Eine Natriumchlorid-Lösung wird mit einigen Tropfen einer farblosen Lösung ver-*
  *setzt.*
*Zur Prüfung der elektrischen Leitfähigkeit werden der Natriumchlorid-Kristall und die*
*Natriumchlorid-Lösung jeweils in einen Stromkreis mit einer Glühlampe eingebunden.*

– **Beobachtungen:**
  a)  Die Lampe leuchtet nicht.
  b)  Die Lampe leuchtet.
  c)  Es entsteht ein weißer Niederschlag.
– Festes Natriumchlorid leitet den elektrischen Strom nicht, weil die Ionen nicht frei beweglich sind. Die Natriumchlorid-Lösung leitet den elektrischen Strom, weil die Ionen
  hier frei beweglich sind.
– Die im Experiment c) verwendete Lösung ist **Silbernitrat-Lösung**. Silbernitrat hat die
  Formel **AgNO$_3$**.
– $Ag^+$ + $Cl^-$ $\longrightarrow$ AgCl

1.2  – In der VII. Hauptgruppe und der 3. Periode des Periodensystems der Elemente steht
  das Element **Chlor**.

  – *Beachten Sie, dass Sie vom Bau des Atoms auf die Stellung im Periodensystem der*
  *Elemente schlussfolgern müssen, nicht umgekehrt.*

  Weil das Chloratom 17 Protonen aufweist, hat das Element die Ordnungszahl 17. Weil
  das Chloratom über 7 Außenelektronen verfügt, steht das Element in der VII. Hauptgruppe. Weil das Chloratom 3 besetzte Elektronenschalen hat, steht das Element in der
  3. Periode.

  – *Führen Sie klar getrennt zwei Gemeinsamkeiten und zwei Unterschiede am konkreten*
  *Beispiel auf. Das ist z. B. in einer Tabelle möglich:*

| Teilchen | Chloratom | Chlorid-Ion |
|---|---|---|
| **Gemeinsamkeiten** | 17 Protonen<br>3 besetzte Elektronenschalen | |
| **Unterschiede** | 17 Elektronen<br>7 Außenelektronen | 18 Elektronen<br>8 Außenelektronen |

1.3  – Wortgleichung: Magnesium + Sauerstoff $\longrightarrow$ Magnesiumoxid

  – *Wählen Sie zwei Merkmale der chemischen Reaktion aus und erläutern Sie diese.*

  **1. Merkmal: Stoffveränderung**
  Ein silbrig glänzendes Metall und ein farbloses Gas reagieren zu einem weißen Pulver.
  **2. Merkmal: Energieumwandlung**
  Ein Teil der chemischen Energie der Ausgangsstoffe wird in Wärmeenergie und Licht-
  energie umgewandelt.

*alternativ:*

**Merkmal: Teilchenänderungen**
Aus Magnesium-Atomen und Sauerstoff-Molekülen entstehen Magnesium-Ionen und Oxid-Ionen.

**Merkmal: Änderung der chemischen Bindung**
Im Magnesium liegt Metallbindung vor, im Sauerstoff Atombindung, im Magnesiumoxid Ionenbindung.

1.4 – Die Aussage **b** ist falsch.

- **Berichtigung:** Bei der Oxidation von Kupfer in einem abgeschlossenen System ist die Masse von Sauerstoff **kleiner** als die Masse von Kupfer(II)-oxid.

- **Gesetz:** Bei einer chemischen Reaktion in einem abgeschlossenen System ist die Summe der Massen aller Ausgansstoffe gleich der Summe der Massen aller Reaktionsprodukte.

BE

2.1 Ethanol wird umgangssprachlich auch als Alkohol bezeichnet und findet vielfältige Verwendung im Alltag.
  – Ordnen Sie den Eigenschaften des Ethanols je eine Verwendungsmöglichkeit zu: bakterienabtötend, berauschend, brennbar, löst organische Stoffe.
  – Geben Sie die Formel von Ethanol an.
  – Kennzeichnen und benennen Sie das typische Strukturmerkmal an der Formel.
  – Entwickeln Sie die Reaktionsgleichung für die Verbrennung von Ethanol.          9

2.2 **Experiment:**
  Ethanol und Natriumhydroxid sind chemische Verbindungen, die in ihrem Bau scheinbar Ähnlichkeiten aufweisen. Nur eine der chemischen Verbindungen ist aus Ionen aufgebaut.
  Weisen Sie experimentell nach, welche der beiden Lösungen A oder B Ionen enthält.
  – Planen Sie Ihr experimentelles Vorgehen und legen Sie den Plan dem Lehrer vor.
  – Führen Sie die Experimente durch.
  – Notieren Sie Ihre Beobachtungen.
  – Geben Sie an, in welchem der Gefäße A oder B Ionen enthalten sind.
  – Ordnen Sie Ethanol dem Gefäß A oder B zu. Begründen Sie Ihre Zuordnung.          6

2.3 In alkoholischen Getränken enthaltenes Ethanol wird auf biochemischem Weg aus Glucose (Traubenzucker) hergestellt.

$$C_6H_{12}O_6 \longrightarrow 2\,C_2H_5OH + 2\,CO_2$$

  – Berechnen Sie die Masse an Ethanol, die aus 7 kg Glucose entsteht.
  – Geben Sie an, wie dieser biochemische Vorgang heißt.
  – Notieren Sie eine Reaktionsbedingung für diesen Vorgang.          6

2.4 Eine Studie der Bundeszentrale für gesundheitliche Aufklärung (BZgA) untersuchte in Zusammenarbeit mit dem Bundesgesundheitsministerium und dem Verband privater Krankenversicherungen das Trinkverhalten von Jugendlichen zwischen dem 12. und dem 17. Lebensjahr.

| Konsum von fünf oder mehr alkoholischen Getränken bei einer Gelegenheit | | |
|---|---|---|
| **Jahr** | **Jungen** | **Mädchen** |
| 2007 | 30,7 % | 20,0 % |
| 2008 | 23,0 % | 17,7 % |
| 2010 | 20,4 % | 12,8 % |
| 2011 | 19,6 % | 10,5 % |

Quelle: Bundeszentrale für gesundheitliche Aufklärung

  – Stellen Sie die Werte aus der Übersicht in einem geeigneten Diagramm dar.
  – Werten Sie Ihr Diagramm aus.          $\dfrac{4}{25}$

# Lösungen

**2.1** – *Achten Sie auf den logischen Zusammenhang zwischen den vorgegebenen Eigenschaften und einer möglichen Verwendung.*

**bakterienabtötend:** Desinfektionsmittel in der Medizin bei Impfungen

*alternativ:*
zum Haltbarmachen von Obst

**berauschend:** Konsumieren von alkoholischen Getränken, um „in Stimmung zu kommen"

*alternativ:*
im Altertum zum Betäuben bei medizinischen Eingriffen

**brennbar:** Heizstoff für Spiritusbrenner

*alternativ:*
Zusatz zu Vergaserkraftstoff

**löst organische Stoffe:** Zusatzstoff in Reinigungsmitteln

*alternativ:*
Herstellen von Essenzen in der Pharmazie

– *Es ist Ihnen überlassen, ob Sie die Summenformel oder eine Strukturformel aufschreiben. Nutzen Sie am besten die Angabe aus dem Tafelwerk.*

$CH_3-CH_2-OH$

*alternativ:*
$C_2H_5OH$

– $CH_3-CH_2-\overset{\displaystyle\diagup \text{Hydroxylgruppe}}{OH}$

– $C_2H_5OH + 3 O_2 \longrightarrow 2 CO_2 + 3 H_2O$

**2.2** – *Es gibt mehrere Möglichkeiten, Ionen nachzuweisen. Folgende Planungen wären denkbar:*

**Plan:** Sind Ionen in einer Lösung enthalten, dann leitet die Lösung den elektrischen Strom. Ich teste beide Lösungen im Stromkreis.

*Alternative 1:*
In der Natriumhydroxid-Lösung befinden sich Hydroxid-Ionen, diese färben Universalindikator-Lösung blau. Ich versetze beide Lösungen mit dem Indikator.

*Alternative 2:*
Ich weiß, dass Natriumhydroxid aus Ionen aufgebaut ist und Ethanol aus Molekülen. Ethanol brennt. Ich führe mit beiden Proben die Brennprobe durch.

**Schülerexperiment** entsprechend der Planung

– **Beobachtungen:**
**Lösung A:** Die Lampe leuchtet.
**Lösung B:** Die Lampe leuchte nicht.

*zu Alternative 1:*
**Beobachtungen:**
**Lösung A:** Die Lösung färbt Universalindikator blau.
**Lösung B:** Die Lösung färbt Universalindikator nicht.

*zu Alternative 2:*
**Beobachtungen:**
**Lösung A:** Die Lösung lässt sich nicht entzünden.
**Lösung B:** Die Lösung lässt sich entzünden, sie brennt mit einer kaum sichtbaren Flamme.
- Im **Gefäß A** sind Ionen enthalten.

- *Bei der Begründung der Zuordnung nutzen Sie Ihre Überlegungen zur Planung des Experiments oder weitere Kenntnisse.*

Ethanol ist im **Gefäß B**, weil Ethanol den elektrischen Strom nicht leitet.

*zu Alternative 1:*
Ethanol ist im **Gefäß B**, weil Ethanol keine Hydroxid-Ionen enthält.

*zu Alternative 2:*
Ethanol ist im **Gefäß B**, weil Ethanol brennt.

*weitere Alternative:*
Ethanol ist im **Gefäß B**, weil hier der charakteristische Ethanolgeruch wahrnehmbar ist.

2.3  – *Im Text ist die Masse der Glucose gegeben, die Reaktionsgleichung enthält die Stoffmengen von Glucose und Ethanol, im Tafelwerk finden Sie die molaren Massen beider Stoffe.*

**Berechnung:**
Reaktionsgleichung:

$$C_6H_{12}O_6 \longrightarrow 2\,C_2H_5OH + 2\,CO_2$$

Gesucht: $m_1$ (Ethanol)
Gegeben: $m_2$ (Glucose) $= 7$ kg

$n_1 = 2$ mol  $M_1 = 46$ g $\cdot$ mol$^{-1}$
$n_2 = 1$ mol  $M_2 = 180$ g $\cdot$ mol$^{-1}$

**Lösung:**

$$\frac{m_1}{m_2} = \frac{n_1 \cdot M_1}{n_2 \cdot M_2}$$

$$\frac{m_1}{7\text{ kg}} = \frac{2\text{ mol} \cdot 46\text{ g} \cdot \text{mol}^{-1}}{1\text{ mol} \cdot 180\text{ g} \cdot \text{mol}^{-1}}$$

$$m_1 = 3{,}58\text{ kg}$$

**Antwortsatz:** Aus 7 kg Glucose entstehen 3,6 kg Ethanol.

*Alternativer Rechenweg:*

| | | |
|---|---|---|
| 1. Textanalyse: | 7 kg | $m$ |
| | $C_6H_{12}O_6 \longrightarrow$ | $2\,C_2H_5OH + 2\,CO_2$ |
| 2. Stoffmenge: | 1 mol | 2 mol |
| 3. molare Größe: | 180 g $\cdot$ mol$^{-1}$ | 46 g $\cdot$ mol$^{-1}$ |
| 4. Volumen/Masse: | 180 g | 92 g |

5. Verhältnisgleichung: $\dfrac{7\,\text{kg}}{180\,\text{g}} = \dfrac{m}{92\,\text{g}}$

6. Lösung und Ergebnis: $m = 3{,}58\ \text{kg}$

7. **Antwortsatz:** Aus 7 kg Glucose entstehen 3,6 kg Ethanol.

– Dieser biochemische Vorgang heißt **alkoholische Gärung**.

– Bei dieser chemischen Reaktion sind Hefepilze als Katalysator notwendig.

2.4 – *Aus den Tabellenwerten müssen Sie ein Diagramm entwickeln. Verwenden Sie zur Darstellung Millimeterpapier. Als geeignete Diagrammformen bieten sich Säulendiagramm, Balkendiagramm und Streckendiagramm an.*

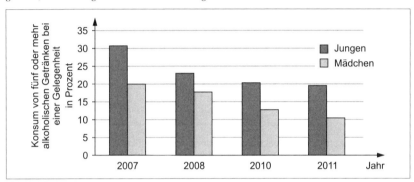

– *Es ist nicht festgelegt, wie viele Aussagen Sie formulieren sollen. Naheliegend ergibt sich:*

**Auswertung:** Jungen trinken häufiger als Mädchen fünf oder mehr alkoholische Getränke bei einer Gelegenheit. Insgesamt ist der Konsum bei Jungen und Mädchen rückläufig.

BE

3.1 Lesen Sie den Text aus der Leipziger Volkszeitung vom 31. 08. 2012 und bearbeiten Sie die nachstehenden Aufgaben.

### Bohrungen bei Gottesberg in Sachsen belegen umfangreiche Zinnvorkommen

Zinn wird vor allem in der Wirtschaft als Lötmaterial verwendet. Die Elektronikbranche verlötet derzeit etwa 35 % der rund 300 000 Tonnen des jährlichen Weltverbrauchs. Den Zinnvorkommen werden durch Oxidationsröstung unerwünschte Stoffe wie Schwefel und Arsen entfernt. Mit Zinn werden zudem Weißbleche, Legierungen für Münzgeld und elektronische Bauteile, Chemikalien und Pigmente hergestellt. Zinn ist völlig ungiftig und ersetzt oftmals das giftige Blei. Experten rechnen damit, dass der Zinnverbrauch allein aufgrund der Umstellung von Blei-Zinn-Lote auf bleifreie Lote mit hohem Zinnanteil in den kommenden Jahren um rund 10 % jährlich gesteigert wird.

Quelle: Leipziger Volkszeitung; Leipziger Verlags- und Druckereigesellschaft

– Entwickeln Sie die Reaktionsgleichung für die Oxidation von Schwefel.
– Erstellen Sie einen Steckbrief mit sechs Angaben zu Eigenschaften und Verwendung von Zinn.
– Stellen Sie den Zusammenhang zwischen Eigenschaften und Verwendung an einem Beispiel dar. 7

3.2 **Experiment:**
Metalle lassen sich in Edelmetalle und unedle Metalle unterteilen.
Sie erhalten drei Metalle in mit A, B und C gekennzeichneten Gefäßen.
Untersuchen Sie experimentell, welche der Metalle unedel sind.
– Planen Sie Ihr experimentelles Vorgehen und legen Sie den Plan dem Lehrer vor.
– Führen Sie das Experiment durch.
– Notieren Sie Ihre Beobachtungen.
– Ordnen Sie den entsprechenden Gefäßen die unedlen Metalle zu.
– Geben Sie zwei unedle Metalle an. 6

3.3 Farbanstriche sind eine wirksame Möglichkeit, unedle Metalle vor der Zerstörung durch Umwelteinflüsse (z. B. Korrosion) zu schützen.
– Geben Sie zwei weitere Maßnahmen zum Korrosionsschutz an.
– Erläutern Sie die Notwendigkeit des Korrosionsschutzes an einem Beispiel.
– Notieren Sie ein Metall, das nicht vor Korrosion geschützt werden muss. 4

3.4 Die Gewinnung von Aluminium aus Aluminiumerzen (z. B. Bauxit) erfolgt durch Schmelzflusselektrolyse, die sich durch folgende Reaktionsgleichung zusammenfassen lässt:

$2 Al_2O_3 + 3 C \longrightarrow 4 Al + 3 CO_2$

- Ordnen Sie diese chemische Reaktion der entsprechenden Reaktionsart zu.
- Begründen Sie Ihre Zuordnung am Beispiel.
- Geben Sie die Funktion des Kohlenstoffs in dieser chemischen Reaktion an.
- Berechnen Sie, welche Masse Aluminium aus 2,4 t Aluminiumoxid gewonnen werden kann.

$\frac{8}{25}$

# Lösungen

3.1 – $S + O_2 \longrightarrow SO_2$

*alternativ:*

$2\,S + 3\,O_2 \longrightarrow 2\,SO_3$

/ – *Beachten Sie die geforderte Form „Steckbrief". Sie können auch Werte aus dem Tafel-*
/ *werk nutzen. Die Summe der Angaben muss 6 sein.*

---

### Steckbrief Zinn

**Eigenschaften:** Schmelztemperatur:           niedrig
Wirkung auf den Organismus:  ungiftig
Dichte:                        $7{,}29\,g \cdot cm^{-3}$

**Verwendung:** Weißbleche
Münzlegierungen
Lötmaterial

---

/ – *Achten Sie auf den logischen Zusammenhang der ausgewählten Eigenschaft mit der*
/ *Verwendung.*

Weil Zinn **ungiftig** ist, kann es für **Weißbleche bei Konservendosen** verwendet werden.

*alternativ z. B.:*
Weil Zinn eine **geringe Schmelztemperatur** hat, kann es als **Lötmaterial** genutzt werden.

3.2 – **Plan:** Unedle Metalle reagieren mit verdünnten Säure-Lösungen. Ich versetze die gegebenen Metalle z. B. mit verdünnter Chlorwasserstoffsäure. Wo ich eine chemische Reaktion beobachten kann, handelt es sich um ein unedles Metall.

– **Schülerexperiment** entsprechend der Planung

– **Beobachtungen: Stoffprobe A:** keine Veränderung zu bemerken
**Stoffprobe B:** heftige Gasentwicklung, Erwärmung des Reagenzglases
**Stoffprobe C:** geringe Gasentwicklung an den Metallpartikeln

– In den Gefäßen **B** und **C** befinden sich unedle Metalle.

– **Unedle Metalle** sind Magnesium und Zink.

*alternativ z. B.:*
Eisen, Natrium, Calcium

3.3 – Als Maßnahmen zum Korrosionsschutz kann man unedle Metalle z. B. Einölen oder Verchromen.

*alternativ z. B.:*
Verzinken, Emaillieren

– Werden Zaunpfähle aus Stahl nicht vor Korrosion geschützt, rosten sie nach einiger Zeit durch und der Zaun wird instabil.

– Kupfer

*alternativ z. B.:*
Gold, Platin, Silber

3.4 – Reaktionsart: **Redoxreaktion**
   – Redoxreaktion bedeutet, dass Oxidation und Reduktion gleichzeitig ablaufen und sich gegenseitig bedingen. Im vorliegenden Fall wird Aluminiumoxid reduziert und Kohlenstoff oxidiert.
   – Kohlenstoff ist das **Reduktionsmittel**.

   – *Im Text ist die Masse des Aluminiumoxids gegeben, die Reaktionsgleichung enthält die Stoffmengen von Aluminium und Aluminiumoxid, im Tafelwerk finden Sie die molaren Massen beider Stoffe.*

**Berechnung:**
Reaktionsgleichung:

$2\,Al_2O_3 \;+\; 3\,C \longrightarrow 4\,Al \;+\; 3\,CO_2$

Gesucht: $m_1$ (Aluminium)
Gegeben: $m_2$ (Aluminiumoxid) = 2,4 t

$\quad\quad\quad n_1 = 4$ mol $\quad\quad M_1 = 27$ g $\cdot$ mol$^{-1}$
$\quad\quad\quad n_2 = 2$ mol $\quad\quad M_2 = 102$ g $\cdot$ mol$^{-1}$

**Lösung:**

$$\frac{m_1}{m_2} = \frac{n_1 \cdot M_1}{n_2 \cdot M_2}$$

$$\frac{m_1}{2,4\ \text{t}} = \frac{4\ \text{mol} \cdot 27\ \text{g} \cdot \text{mol}^{-1}}{2\ \text{mol} \cdot 102\ \text{g} \cdot \text{mol}^{-1}}$$

$$m_1 = 1,3\ \text{t}$$

**Antwortsatz:** Aus 2,4 t Aluminiumoxid können 1,3 t Aluminium gewonnen werden.

*Alternativer Rechenweg:*

1. Textanalyse: $\quad\quad\quad\quad$ 2,4 t $\quad\quad\quad\quad\quad\quad\quad$ m

$\quad\quad\quad\quad\quad\quad 2\,Al_2O_3 \;+\; 3\,C \longrightarrow 4\,Al \;+\; 3\,CO_2$

2. Stoffmenge: $\quad\quad\quad\quad$ 2 mol $\quad\quad\quad\quad\quad\quad\quad$ 4 mol
3. molare Größe: $\quad\quad\quad$ 102 g $\cdot$ mol$^{-1}$ $\quad\quad\quad\quad$ 27 g $\cdot$ mol$^{-1}$
4. Volumen/Masse: $\quad\quad$ 204 g $\quad\quad\quad\quad\quad\quad\quad$ 108 g

5. Verhältnisgleichung: $\quad\dfrac{2,4\ \text{t}}{204\ \text{g}} = \dfrac{m}{108\ \text{g}}$

6. Lösung und Ergebnis: $\quad m = 1,3$ t
7. **Antwortsatz:** Aus 2,4 t Aluminiumoxid können 1,3 t Aluminium gewonnen werden.

BE

4.1 Kalkstein (Calciumcarbonat) ist ein Rohstoff für die technische Herstellung von Baustoffen, wie Kalk- und Zementmörtel. Der Kalkstein kann in Kalkschachtöfen gebrannt werden. Die für diese chemische Reaktion benötigte thermische Energie wird durch die Verbrennung von Koks erreicht.

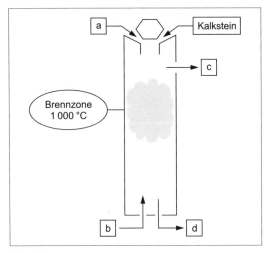

Abb.: Kalkschachtofen
(schematisch)

– Benennen Sie die mit a bis d in der Abbildung gekennzeichneten Ausgangsstoffe und Reaktionsprodukte.
– Entwickeln Sie die Reaktionsgleichung für das Kalkbrennen.
– Entscheiden Sie, ob das Kalkbrennen eine exotherme oder endotherme Reaktion ist und begründen Sie Ihre Entscheidung.
– Notieren Sie eine weitere Verwendungsmöglichkeit von Kalkstein.  9

4.2 **Experiment:**
Um Kalkmörtel herzustellen, muss nach dem Kalkbrennen noch das Kalklöschen erfolgen.
Stellen sie aus dem vorliegenden Branntkalk (Calciumoxid) Löschkalk her und überprüfen Sie, ob der Löschkalk saure oder basische Eigenschaften aufweist.

– Planen Sie Ihr experimentelles Vorgehen und legen Sie den Plan dem Lehrer vor.
– Führen Sie das Experiment durch.
– Notieren Sie Ihre Beobachtung und schlussfolgern Sie, welche Eigenschaft Löschkalk aufweist.
– Begründen Sie eine Arbeitsschutzmaßnahme, die beim Herstellen von Kalkmörtel eingehalten werden muss.  7

4.3 In Kalksteingebirgen sind im Laufe von Jahrtausenden tiefe Schluchten, Spalten und oft auch Höhlen entstanden. Grund dafür ist der chemische Vorgang, der mit folgender Gleichung beschrieben werden kann:

$$CaO_3 + CO_2 + H_2O \longrightarrow Ca(HCO_3)_2$$

  – Berechnen Sie das Volumen an Kohlenstoffdioxid, das mit 50 g Kalkstein (Calciumcarbonat) zu Calciumhydrogencarbonat reagiert.                  4

4.4 Beim Erhitzen von Wasser bildet sich Calciumcarbonat, welches sich als Kesselstein z. B. an Wasserarmaturen oder in Wasserkochern absetzt.

  – Erläutern Sie zwei mögliche negative Auswirkungen des Kesselsteins bei weiterem Gebrauch dieser technischen Geräte im Haushalt.

  – Notieren Sie einen Stoff, der im Haushalt zur Entfernung des Kesselsteins eingesetzt werden kann.                  $\frac{5}{25}$

# Lösungen

**4.1** – *Es ist ausreichend, wenn Sie die technischen Bezeichnungen oder die chemischen Namen der Stoffe angeben.*

    a  Koks (Kohlenstoff)      b  Luft
    c  Kohlenstoffdioxid      d  Branntkalk (Calciumoxid)

– $CaCO_3 \longrightarrow CaO + CO_2$

– Das Kalkbrennen ist eine **endotherme Reaktion.**
Im Text wird erwähnt, dass für diese chemische Reaktion thermische Energie benötigt wird. Solche chemischen Reaktionen werden als endotherm bezeichnet.

– Kalkstein wird z. B. für die **Herstellung von Düngemitteln** verwendet.

**4.2** – **Plan:** Die Stoffprobe von Calciumoxid vermische ich im Becherglas mit Wasser. Dadurch entsteht Löschkalk. Anschließend tropfe ich Universalindikator-Lösung zu.

– **Schülerexperiment** entsprechend der Planung

– **Beobachtungen:** Zunächst entsteht eine grau-weiße Aufschlämmung. Nach kurzer Zeit setzt sich ein weißer Stoff ab und die Flüssigkeit wird etwas klarer.
Beim Zutropfen von Universalindikator-Lösung verfärbt sich die Flüssigkeit blau. Da die Lösung blau wird, reagiert Löschkalk basisch.

– Es sollte eine Schutzbrille getragen werden, da Kalkmörtel ätzend wirkt.

**4.3** – *Im Text ist die Masse des Calciumcarbonats gegeben, die Reaktionsgleichung enthält die Stoffmengen von Kohlenstoffdioxid und Calciumcarbonat. Im Tafelwerk findet man die molare Masse von Calciumcarbonat. Das molare Volumen aller Gase beträgt $22{,}4\,L \cdot mol^{-1}$.*

**Berechnung:**

Reaktionsgleichung:

$CaCO_3 + CO_2 + H_2O \longrightarrow Ca(HCO_3)_2$

Gesucht: $V_1$ (Kohlenstoffdioxid)

Gegeben: $m_2$ (Calciumcarbonat) = 50 g

$$n_1 = 1\,\text{mol} \qquad V_1 = 22{,}4\,L \cdot mol^{-1}$$
$$n_2 = 1\,\text{mol} \qquad M_2 = 100\,g \cdot mol^{-1}$$

**Lösung:**

$$\frac{V_1}{m_2} = \frac{n_1 \cdot V_m}{n_2 \cdot M_2}$$

$$\frac{V_1}{50\,g} = \frac{1\,\text{mol} \cdot 22{,}4\,L \cdot mol^{-1}}{1\,\text{mol} \cdot 100\,g \cdot mol^{-1}}$$

$$V_1 = 11{,}2\,L$$

**Antwortsatz:** Mit 50 g Kalkstein haben 11,2 Liter Kohlenstoffdioxid reagiert.

*Alternativer Rechenweg:*

1. Textanalyse:

| | 50 g | | | | V | | | |
|---|---|---|---|---|---|---|---|---|
| | $CaCO_3$ | + | | | $CO_2$ | + | $H_2O$ | $\longrightarrow$ | $Ca(HCO_3)_2$ |

2. Stoffmenge:    1 mol          1 mol

3. molare Größe:    $100 \text{ g} \cdot \text{mol}^{-1}$     $22,4 \text{ L} \cdot \text{mol}^{-1}$

4. Volumen/Masse:    100 g          22,4 L

5. Verhältnisgleichung:    $\dfrac{50 \text{ g}}{100 \text{ g}} = \dfrac{V}{22,4 \text{ L}}$

6. Lösung und Ergebnis:    $V = 11,2$ L

7. **Antwortsatz:** Mit 50 g Kalkstein haben 11,2 Liter Kohlenstoffdioxid reagiert.

4.4  – Wenn sich viel Kesselstein gebildet hat, können die **Armaturen zugesetzt** werden und das Wasser läuft nicht mehr.
Durch starke Kesselsteinablagerungen wird die **Wärmeübertragung behindert**. Dadurch muss für die Erwärmung von Wasser in einem Wasserkocher mehr Energie aufgewendet werden.

    – Essigsäure

    *alternativ:*
    Zitronensäure

# Ihre Meinung ist uns wichtig!

Ihre Anregungen sind uns immer willkommen. Bitte informieren Sie uns mit diesem Schein über Ihre Verbesserungsvorschläge!

| Titel-Nr. | Seite | Vorschlag |
|-----------|-------|-----------|
|           |       |           |
|           |       |           |
|           |       |           |
|           |       |           |
|           |       |           |
|           |       |           |
|           |       |           |
|           |       |           |
|           |       |           |

Lernen · Wissen · Zukunft
**STARK**

Bitte hier abtrennen

24-V_Abs

Bitte ausfüllen und im frankierten Umschlag
an uns einsenden. Für Fensterkuverts geeignet.

## Zutreffendes bitte ankreuzen!
## Die Absenderin/der Absender ist:

☐ Lehrer/in in den Klassenstufen:

☐ Fachbetreuer/in
Fächer:

☐ Seminarlehrer/in
Fächer:

☐ Regierungsfachberater/in
Fächer:

☐ Oberstufenbetreuer/in

☐ Schulleiter/in

☐ Referendar/in, Termin 2. Staats-
examen:

☐ Leiter/in Lehrerbibliothek

☐ Leiter/in Schülerbibliothek

☐ Sekretariat

☐ Eltern

☐ Schüler/in, Klasse:

☐ Sonstiges:

**Unterrichtsfächer:** (Bei Lehrkräften!)

**STARK Verlag**
**Postfach 1852**
**85318 Freising**

**Kennen Sie Ihre Kundennummer?**
Bitte hier eintragen.

**Absender** (Bitte in Druckbuchstaben!)

Name/Vorname

Straße/Nr.

PLZ/Ort/Ortsteil

Telefon privat            Geburtsjahr

E-Mail

**Schule/Schulstempel** (Bitte immer angeben!)

Bitte hier abtrennen

# Erfolgreich durch die Abschlussprüfung mit den STARK-Reihen

## Abschlussprüfung

Anhand von Original-Aufgaben die Prüfungssituation trainieren. Schülergerechte Lösungen helfen bei der Leistungskontrolle.

## Training

Unterrichtsrelevantes Wissen schülergerecht präsentiert. Übungsaufgaben mit Lösungen sichern den Lernerfolg.

## Klassenarbeiten

Praxisnahe Übungen für eine gezielte Vorbereitung auf Klassenarbeiten.

**Und vieles mehr
auf
www.stark-verlag.de**

## Stark in Klassenarbeiten

Schülergerechtes Training wichtiger Themenbereiche für mehr Lernerfolg und bessere Noten.

## Kompakt-Wissen

Kompakte Darstellung des prüfungsrelevanten Wissens zum schnellen Nachschlagen und Wiederholen.

*(Bitte blättern Sie um)*

# Den Abschluss in der Tasche – und dann?

In den STARK-Ratgebern finden Schülerinnen und Schüler alle Informationen für einen erfolgreichen Start in die berufliche Zukunft.

**Bestellungen bitte direkt an:**

STARK Verlagsgesellschaft mbH & Co. KG · Postfach 1852 · 85318 Freising
Tel. 0180 3 179000* · Fax 0180 3 179001* · www.stark-verlag.de · info@stark-verlag.de
*9 Cent pro Min. aus dem deutschen Festnetz, Mobilfunk bis 42 Cent pro Min.
Aus dem Mobilfunknetz wählen Sie die Festnetznummer: 08167 9573-0

24-V_Abs

Lernen · Wissen · Zukunft
**STARK**